I0030560

FACULTÉ DE DROIT DE L'UNIVERSITÉ DE PARIS

LA

REPRÉSENTATION POLITIQUE

DES

INTÉRÊTS PROFESSIONNELS

« Dans l'état populaire, on divise le peuple en
de certaines classes. C'est dans la manière de
faire cette division que les grands législateurs
se sont signalés et c'est de là qu'ont toujours
dépendu la durée de la démocratie et sa prospérité »

[MONTESQUIEU, liv. II, chap. II, *Esprit
des Lois*. Du gouvernement répu-
blicain et des lois de la démo-
cratie].

THÈSE POUR LE DOCTORAT

Présentée et soutenue le Samedi 25 février 1911, à 3 heures

PAR

Francis de BENOIT

Président : M. LARNAUDE, *professeur*

Suffragants { MM. SAUZET, *professeur*
GEOUFFRE DE LAPRADELLE, *professeur*

PARIS

JOUVE & Cⁱᵉ, ÉDITEURS

15, Rue Racine, 15

1911

THÈSE

POUR

LE DOCTORAT

FACULTÉ DE DROIT DE L'UNIVERSITÉ DE PARIS

LA

REPRÉSENTATION POLITIQUE

DES

INTÉRÊTS PROFESSIONNELS

> « Dans l'état populaire, on divise le peuple en
> de certaines classes. C'est dans la manière de
> faire cette division que les grands législateurs
> se sont signalés et c'est de là qu'ont toujours
> dépendu la durée de la démocratie et sa pros-
> périté. »
>
> [MONTESQUIEU, liv. II, chap. II. *Esprit
> des Lois*. Du gouvernement répu-
> blicain et des lois de la démo-
> cratie].

THÈSE POUR LE DOCTORAT

Présentée et soutenue le Samedi 25 février 1911, à 3 heures

PAR

Francis de BENOIT

Président : M. LARNAUDE, *professeur*
Suffragants { MM. SAUZET, *professeur*
{ GEOUFFRE DE LAPRADELLE, *professeur*.

PARIS

JOUVE & Cⁱᵉ, ÉDITEURS

15, Rue Racine, 15

1911

A MA MÈRE

ET A MA SŒUR YVONNE

REPRÉSENTATION POLITIQUE

INTÉRÊTS PROFESSIONNELS

INTRODUCTION

Le mode d'organisation de la représentation nationale présente dans notre pays des lacunes qui ont,
de bonne heure, attiré l'attention de nombreux théo-
riciens et publicistes appartenant aux écoles et aux
opinions politiques les plus diverses, et comme
l'écrivait M. Georges Renard, qui n'est pourtant pas
un partisan du système qui fait l'objet de notre étude,
« ce procès a été fait tant de fois, que la cause peut
être aujourd'hui considérée comme entendue » (1).

Logiquement, en effet, quel doit être le but de cette
organisation ? C'est évidemment de donner une

---

1. Georges Renard, *Le Socialisme à l'œuvre* (*La Décentralisation législative*, p. 328).

représentation aussi exacte que possible des éléments sociaux ; le régime représentatif,pour répondre
à son but et à sa définition même pourrait-on dire,
doit tendre à assurer l'expression exacte et totale de
la volonté du pays.

Or, celui-ci comprend à la fois des individualités et
des groupements. L'individu n'est pas dans la société
une unité abstraite. C'est une unité concrète, vivante.
Or,la vie suppose des liens sociaux. M.Charles Benoist
le disait dans la *Crise de l'État moderne* : « Pour
qu'il y ait représentation réelle et totale du pays, l'individu doit être représenté, mais l'individu à la place
qu'il occupe, en son lieu social ; rien ne doit être
omis ; il doit être tenu compte dans l'État de tout ce
qui constitue la société, individus et unions organiques, dans une desquelles au moins, il est impossible
à un citoyen, quel qu'il soit, de ne point se trouver
engagé, et par lesquelles sa vie individuelle, parti-
cipant à une vie collective, se trouve reliée à la vie
nationale (1). »

Ces groupes, ces unions organiques sont, pour
employer une expression plus précise encore, les
groupes de « coordination sociale » (2).

---

1. Charles Benoist,*La Crise de l'État moderne*. Notons tout
de suite que, depuis, l'auteur est d'ailleurs devenu le représentant le plus connu de la représentation proportionnelle.
2. M. Larnaude, à son cours, 1896.

C'est en effet cette idée de coordination qui domine la question. On ne peut concevoir l'individu dans la société, en dehors d'un groupement quelconque, ne serait-ce que le groupement familial. Tous les liens sociaux, de quelque nature qu'ils soient, constituent une base de groupement.

Ce n'est pas d'ailleurs qu'il faille négliger l'individu envisagé comme une unité intellectuelle ou morale. Ce serait tomber dans l'excès contraire. M. de la Grasserie le dit avec raison. « Il existe dans l'organisation sociale politique deux points extrêmes et contraires, deux ressorts antagonistes (1). Pour son existence normale, ils sont également nécessaires. C'est ce que cet auteur appelle « l'individuel » et le « social ». Le social, à sa plus haute expression, aboutit au collectivisme. « L'individuel », à sa plus haute expression, est l'anarchisme » (2).

En dehors de cet individualisme absolu et du socialisme absolu, on peut entrevoir un état mixte où les deux éléments se mélangent, en éliminant chacun de leurs défauts et en réunissant leurs qualités.

Ce n'est pas, ajoute cet auteur, l'état social actuel,

1. M. de la Grasserie, *Structure politique de la Société* (*Revue internationale de Sociologie*, novembre 1896, p. 810, 811).

2. M. de la Grasserie, *ibidem*.

et il fait une distinction subtile, mais qui nous paraît juste entre la *combinaison et* la *confusion* de ces deux éléments, ce qui dit-il, est bien différent. Il y a simple affaiblissement de chacun d'eux en présence de l'autre. « Il importe de ne pas confondre l'organisation utile de cet antagonisme avec la confusion funeste de ces éléments (1). »

Ces idées générales, que M. de la Grasserie applique à la structure de la société, nous pouvons les appliquer spécialement à la représentation politique et faire la même critique pour notre système électoral actuel. Nous n'avons pas *l'organisation utile de cet antagonisme.*

Dans un système rationnel, il faut d'une part assurer la représentation des individus, et d'autre part celle des groupes en associations. A notre avis, il faut tenir compte des deux éléments. Ne représenter que les individus, comme le fait notre système actuel, est un vice fondamental. Par réaction excessive, n'assurer que la représentation des groupements serait, selon nous, pour les raisons générales énumérées tout à l'heure, une erreur tout aussi grave.

Mais avant d'entrer dans cette discussion que nous retrouverons dans le cours de notre étude, jetons un coup d'œil sur l'organisation de nos assemblées. Nos deux Chambres émanent de la

---

1. M. de la Grasserie, *loc. cit.*

même origine et sont l'une et l'autre élues par le peuple groupé de la même façon, nous voulons dire par addition numérique, à des degrés divers, de tous les électeurs sans distinction de profession.

Notons d'ailleurs tout de suite, en passant, que ce système qui prétend assurer la représentation des individus ne l'assure que d'une façon fort défectueuse, et que le système majoritaire, même au point de vue purement individualiste, ne répond pas à son objet : assurer la représentation exacte du nombre, laquelle ne peut, à notre avis, être assurée logiquement que par la représentation proportionnelle.

Mais ce n'est pas le lieu de s'occuper de cette question qui est hors du cadre de notre étude. Sous le bénéfice de cette observation, plaçons-nous tout de suite au second point de vue, la représentation des groupements ; nous constatons l'absence complète de cet élément dans notre organisation actuelle. C'est qu'en effet la représentation nationale française est surtout *régionale ;* qu'il soit sénateur ou député, l'élu du peuple est toujours celui d'une circonscription territoriale ; département ou arrondissement ou fraction d'arrondissement.

On peut dire, avec M. de la Tour du Pin La Charce, que notre représentation politique est plutôt une représentation d'opinions qu'une représentation d'intérêts (1).

1. M. de la Tour du Pin La Charce, *Études sociales.*

En somme, pour régler les droits politiques des citoyens, on ne tient compte que d'un seul élément : l'élément territorial, et on ne semble avoir en vue qu'un seul objectif, la manifestation des opinions politiques.

C'est insuffisant. Sans doute, l'élément territorial est un fait très important, qui crée entre les hommes des liens incontestables ; certains intérêts communs qu'il serait puéril de nier, et dans une bonne organisation politique on doit tenir compte des groupements territoriaux. Mais cet élément n'est pas le seul qu'on doive envisager. A côté de ces groupements territoriaux, ou de ces groupements politiques, on en observe bien d'autres dont le rôle n'est pas moins important (1), groupements économiques et dans l'intérieur de ces groupements économiques, groupements entre ouvriers d'une part et employeurs de l'autre ; groupements professionnels. Quel sera le classement que nous adopterons pour ces différentes catégories ? Tous ces groupements qui sont innombrables et que l'on peut désigner sous le terme générique de groupements *sociaux* (2) peuvent être classés de diverses manières. On peut, avec M. de la Grasserie (3), distinguer d'une part les associations forcées et les associations volontaires, ou bien encore,

---

1. Paul Boncour, *Le Fédéralisme économique*, p. 2.
2. M. Larnaude à son cours, 1896.
3. M. de la Grasserie, *loc. cit.*

par profession, par race, par religion ; ces divisions
touchent plutôt au droit individuel qu'au droit social,
ajoute cet auteur (1).

Quoi [qu'il en soit nous constatons l'existence de
groupements sociaux.

Cette notion est d'ailleurs plus conforme à l'idée
de la science moderne d'une part, et [d'autre part
paraît mieux s'adapter aux doctrines juridiques les
plus récentes. Le droit tend, dans la majorité des
auteurs les plus récents, à devenir un droit social.
Comme l'écrivait M. Larnaude, on fait très peu,
aujourd'hui, de philosophie du droit (2).

Il faut donc tenir compte de ces groupements
sociaux dans un système rationnel, et que ceux-ci
puissent exprimer leur volonté. Mais il ne suffit pas
que cette représentation des intérêts soit organisée
« à côté des assemblées législatives », suivant l'expression de M. Georges Renard qui craint « que des
corps professionnels admis à participer directement
à la confection des lois n'y apportent leurs préjugés » (3). Il faut leur permettre de traduire leurs
intérêts par la voie de leurs représentants dans
l'enceinte de nos assemblées législatives.

---

1. M. de la Grasserie, *ibidem*.
2. M. Larnaude, préface à Korkounow. *Théorie générale
du droit russe*.
3. Georges Renard, *Le Socialisme à l'œuvre*, p. 33, 1907.

Or, celles-ci, actuellement, n'en assurent à aucun degré la manifestation. Seuls, les groupements géographiques sont représentés et encore d'une façon fort défectueuse, sur des bases très arbitraires, circonscriptions tout artificielles, et sous la forme d'un système majoritaire qui n'assure même pas la représentation exacte du nombre qu'il se propose d'assurer, et cela aussi bien à la Chambre des députés qu'au Sénat. Pour la Chambre, il est évidemment superflu d'en faire ici la démonstration, puisqu'elle est élue au suffrage universel direct et que la loi du nombre s'exerce ici sans restriction. Mais il en est de même pour le Sénat, bien qu'à l'origine, dans la pensée de ceux qui le créèrent, il semble qu'il fût destiné à remplir une autre mission, et non à représenter purement et simplement, comme la Chambre des députés, avec une simple différence de degré, la majorité numérique des électeurs.

En effet, si nous nous reportons aux travaux de l'Assemblée nationale de 1871, nous voyons qu'elle eut l'idée de doter notre République d'un grand corps qui, bien qu'électif, représentât autre chose que la souveraineté brutale du nombre.

« Selon certains esprits, l'Assemblée nationale aurait donné au Sénat pour base et pour origine la représentation des intérêts et des groupes. Elle aurait pris comme principal facteur et comme unité électorale la commune, qui constitue dans notre pays le groupe

organique le plus ancien et le plus naturel. Ce seraient
les communes du département, considérées coopé-
rativement, qui seraient personnellement convoquées
aux élections sénatoriales. Le Sénat serait la représentation juridique, non pas de la nation française,
conçue comme un tout homogène, mais de l'ensemble
des communes de France. »

« Cette conception, dit M. Esmein, nous paraît absolument inexacte. Et il donne cette raison, c'est que s'il
en était ainsi, la commune elle-même devrait disposer
de son vote, par son organe normal, le conseil
municipal, ce qui n'est pas, puisque le délégué vote
librement, sur mandat impératif (1) ».

Mais la loi de 1884 est revenue en arrière (2). En
proportionnant le nombre des délégués des communes à la population de celles-ci, elle a repris pour
base le nombre seul. A vrai dire, les deux Chambres
procèdent du même suffrage universel et individualiste, exercé directement dans un cas et indirectement
dans l'autre. La représentation des groupements
sociaux et des intérêts professionnels n'est nullement
assurée.

Que nous montre en effet l'expérience ?

Que le Parlement est surtout composé de membres
appartenant aux professions libérales, qui en comp-
tent deux fois plus que l'agriculture, l'industrie et

1. Esmein, § 766. *Droit constitutionnel*, 1906.
2. Voir, sur la loi de 1884, le dernier chapitre de notre étude.

le commerce réunis. Dans ce groupe dominent les médecins, les journalistes, les notaires, les fonctionnaires et surtout les avocats. Or, la prospérité sociale n'est pas en rapport direct avec leur nombre professionnel, comme elle est en rapport direct avec le nombre et la valeur des agriculteurs, des industriels et des commerçants. Or, l'agriculture, le commerce et l'industrie sont la base même de la vie sociale. Lorsque ces professions souffrent, tout le corps social souffre ; lorsqu'elles dépérissent, tout le corps social dépérit, comme il arrive pour le corps humain s'il cesse de s'alimenter. Il est donc désirable que la majorité se recrute parmi ces professions. Or, celles-ci sont peu représentées. Voilà le grand vice de notre régime gouvernemental. Nos Chambres sont déséquilibrées, elles sont instables parce que les professions libérales en constituent la très grande majorité. Par suite du fonctionnement de notre système électoral, nous n'avons plus de représentants naturels.

La vérité de la consultation populaire est même loin d'être garantie, et dans le fait, les Chambres sont fort peu l'image du pays. Le vainqueur d'une lutte électorale n'est pas l'interprète certain de ceux qui lui ont donné leurs voix.

Il n'y a pas deux hommes entre lesquels il y ait complète identité de vues, uniformité totale de volonté : comme la représentation implique l'accord, un individu n'est jamais susceptible d'être représenté par un autre pour toutes les questions à la fois ; il ne peut avoir de représentant que sur des points précis et limités. C'est encore plus difficile que plusieurs individus aient un même représentant, à moins qu'ils ne soient associés et qu'il ne s'agisse de ce qui rentre dans la sphère d'action de l'association, car ils sont alors comme les organes d'un même corps et constituent une unité active. Dans une société dont les ressortissants ne coopèrent pas à une même fin, ont seulement leurs activités coordonnées en vue de l'équilibre et se trouvent souvent en opposition d'intérêts, plus multiples et plus divers sont ceux qui prennent part à une élection, plus vaste et indéterminée doit être la compétence attribuée à l'élu, plus variables de l'un à l'autre sont les motifs qui dirigent le choix, plus le vote de chacun est le résultat d'une série de compromis entre ces opinions sur différents objets, moins l'individu nommé peut passer pour être l'écho fidèle de son collège électoral, ou mieux seulement de la majorité qui l'a envoyé. Sa nomination est l'œuvre d'une mêlée d'éléments contradictoires qu'il importe de dégager. De là, le vague des programmes, l'impuissance des assemblées et le contraste entre leurs décisions et l'opinion publique. Chacun vote et personne n'est représenté. Voilà comment est pratiqué le suffrage universel : loin de conduire, comme il le faudrait, à l'affirmation de volontés réellement libres et toujours agissantes, il

aboutit à l'abdication périodique et forcée de souve-
rainetés abstraites.

Ainsi, les résultats produits par ce système sont
manifestement contraires à l'institution même du
régime représentatif. Celui-ci, nous l'avons vu, pour
répondre à sa fin naturelle, doit assurer la représentation totale et réelle du pays, c'est-à-dire la représentation des individus et celle des groupements. Or,
le régime représentatif, tel qu'il résulte du système
électoral français, n'assure la représentation ni des
uns ni des autres.

Il faut donc s'efforcer de rendre au régime représentatif un aspect normal, et faire que son fonctionnement réponde à son objet naturel. Pour cela, il
faut organiser le corps électoral lui-même, c'est-à-
dire, dit M. Ch. Benoist, « le suffrage universel en
soi ; il faut l'organiser pour le bien de l'individu et
pour le bien de l'État en vue de cette triple fin : la
représentation, la législation, le gouvernement ; de
manière que le gouvernement soit le plus stable, la
législation la plus éclairée, la représentation la plus
fidèle qu'il est possible, fidèle et compréhensive ;
qu'elle enferme le plus possible de l'homme et de la
vie, qu'elle soit proportionnelle non seulement aux
opinions qui ne sont de nous qu'une minime partie,
mais à tout ce qui est, en nous, humanité, vie et
force sociale » (1).

1. Ch. Benoist, *op. cit.*, p.152.

Tel est le problème politique qu'il faut essayer de résoudre : assurer la représentation exacte de tous les éléments sociaux. On en aperçoit la vraie solution si l'on comprend qu'une société, une nation se compose non seulement d'individus, mais encore de groupes d'individus qui constituent autant d'éléments sociaux distincts des individus : les groupes communaux, familiaux, les associations ouvrières, agricoles, industrielles, commerciales, scientifiques et même religieuses. Si l'on veut que le Parlement soit une exacte représentation du pays, il faut qu'il soit composé de deux Chambres, dont l'une représentera plus particulièrement les individus (la Chambre des députés) et dont l'autre (le Sénat), représentera plus particulièrement les groupes sociaux, suivant un système que l'art politique aura à déterminer pour chaque pays. Les deux Chambres ont alors un mode de recrutement démocratique national, le Parlement contient alors tous les éléments constitutifs du pays ; il est véritablement un organe de représentation (1).

Pratiquement, comment pourrait-on réaliser en France une pareille représentation ?

En opérant une double réforme :

1° Pour l'élection des députés, substituer au régime majoritaire, brutal et inorganique sous lequel nous

1. Duguit, *Manuel de droit constitutionnel*, p. 349.

vivons depuis 1848 le système plus compliqué, plus
savant mais infiniment plus juste de la représentation proportionnelle, qui assurera à la Chambre de
la représentation des individus et des partis politiques proportionnellement à leur importance numérique dans le pays ;

2° Pour l'élection des sénateurs, remplacer le système bâtard et imparfait de la loi de 1884 par le système de la représentation professionnelle qui assurera au Sénat la représentation des groupements
sociaux.

Telle est la double réforme qui nous paraît devoir
seule assurer la sincérité du régime représentatif,
la représentation totale et réelle du pays.

Cette double réforme, nous ne l'envisagerons que
sous un de ses aspects. La première, en effet, a fait
jusqu'ici l'objet d'études nombreuses et qui ont, pour
ainsi dire épuisé le sujet (1). D'autre part, le principe
de la représentation proportionnelle, grâce à une campagne entreprise sous la direction de M. Ch. Benoist,
a pénétré dans presque toutes les parties du pays
et sa réalisation pratique nous semble assez pro-
chaine.

---

1. V. notamment le remarquable ouvrage de M. Sanpolos :
La Démocratie et l'élection proportionnelle, 1899. — Besson,
La Représentation proportionnelle, 1897. — Clément, *La
Réforme électorale*, 1906 — Ch. Benoist, Rapport fait au nom
de la commission du suffrage universel, 7 avril 1905 ; doc.
parl. Chambre, 1905, session ordinaire, p. 471.

Au contraire, la représentation professionnelle jusqu'à ces dernières années, a été moins étudiée ; son heure sans doute n'avait pas encore sonné ; mais il nous a semblé qu'elle était venue maintenant et que le moment était opportun d'apporter une modeste contribution à l'étude de cette réforme si intéressante et si désirable. Peut-être la force d'inertie des gouvernants, plus puissante que les plus fécondes activités, s'opposera-t-elle longtemps encore à sa réalisation positive ; il n'en est pas moins utile de le faire connaître pour essayer d'en faire pénétrer l'idée dans l'esprit du plus grand nombre.

Le principe, le fondement juridique et les applications pratiques de la représentation professionnelle. Tel sera l'objet de notre étude.

CHAPITRE PREMIER

LE PRINCIPE DE LA REPRÉSENTATION
PROFESSIONNELLE
ÉTENDUE D'APPLICATION

PREMIÈRE SECTION

LE PRINCIPE

Le droit électoral de la Révolution n'envisageait dans les citoyens que leur caractère d'unités votantes ; d'une façon générale, les individus ressortissant à une même nation étaient sur le pied d'une complète égalité pour l'exercice de leurs droits civiques.

Cette conception était des plus simplistes. Mais, loin d'être une qualité, cette simplicité excessive était son vice fondamental : elle faisait de la démocratie française un régime *superficiel* (1). Pendant tout le cours du xixᵉ siècle, il semble que ce défaut

---

1. V. Renan, *Réforme intellectuelle et morale de la France*, p. 64.

capital de l'œuvre électorale de la Révolution ait
passé presque inaperçu. Mais actuellement, il paraît
bien qu'un revirement profond se produit sur ce
point, sinon dans l'opinion publique, plus lente à
s'émouvoir, du moins dans les sphères de la pensée
indépendante. Sous la pression des faits, plus forts
que les idées, et supérieurs aux systèmes arbitraire-
ment organisés, une évolution semble se dessiner de
nos jours vers une organisation moins imparfaite du
droit de suffrage, en vue de le modeler sur les réalités sociales.

D'où vient cette évolution dont la force ne saurait être contestée ?

Le droit de la Révolution était essentiellement
individualiste; il était basé tout entier, comme on
l'a dit, sur l'unique adoration de l'individu. Mais
cette conception, probablement inexacte, ne correspond certainement plus à la réalité. La vie sociale,
au cours du xixᵉ siècle, a subi une transformation
profonde, et peu à peu, par suite des circonstances
économiques surtout, à côté de l'individu d'abord,
au-dessus de lui ensuite, est apparue la force de plus
en plus considérable de l'association et du groupement.

Cette transformation ne s'est pas accomplie en un
jour. Au cours d'une première phase, l'attraction
agit et rassemble; au cours d'une seconde, les gens
ainsi groupés éliminent les éléments étrangers à

leur groupe qui s'y sont fourvoyés et peuvent compromettre son action ; puis, dans une dernière phase, le groupe se reconnaît et s'organise définitivement. C'est le phénomène de « l'intégration des éléments sociaux qui suit leur différenciation » et « se fait sur la base des ressemblances ». Mais ce n'est pas tout. Les groupes ainsi constitués ont à saisir de quelle nécessité il est pour eux de régler leurs mutuels rapports, de façon à ne point se gêner les uns les autres, mais bien au contraire à collaborer pour réaliser dans leur communauté de groupes ce que chacun d'eux représente au milieu de la communauté des individus. Ils peuvent ainsi s'unir, se fédérer en un corps plus vaste où cependant chaque élément, association, garde ses coudées franches pour tout ce qui est de ses intérêts plus particuliers. « Tel est, dit M. François, le processus qui doit aboutir à l'intégration sociale des temps modernes, c'est-à-dire à une prépondérance des collectivités sur les unités, mais sans absorption totale de celles-ci (1). » En fait, cette intégration s'opère sur la base des intérêts communs des groupes combinés *ad hoc* et non sur les individus qui les composent. L'individu est donc, pour ainsi dire, détrôné, considéré comme incapable de rien obtenir à lui seul, ou du moins de satisfaire à

---

1. François, *La Représentation des intérêts dans les corps élus*. Lyon, 1899, p. 3.

rien plus qu'un minimum infime de ses aspirations.

« A côté des êtres ordinaires, des individus, il y a des êtres collectifs. Et les uns comme les autres ayant besoin de vivre, doivent avoir des droits, doivent par conséquent être des sujets des droits, c'est-à-dire posséder la personnalité juridique.

» Il est vrai que deux objections vont ici nous arrêter. D'une part on va nous reprocher de sacrifier l'individu, d'autre part on va nous dire que nous faisons courir les plus grands dangers à l'État. N'est-ce pas pour l'individu que le droit est fait et pour l'individu seul ? Et dès lors n'est-il pas contre nature de ne pas lui réserver des prérogatives qu'il exercerait mieux que les groupes ? Ne le livre-t-on pas, pieds et poings liés, à ces groupes qui vont l'opprimer ?

» Voilà bien la grande superstition individualiste...

» Mais ce sont là des craintes tout à fait chimériques. Car ces droits, si nous les conférons au groupe, c'est pour mieux en faire profiter l'individu qui en fait partie (1). »

C'est que, en effet, l'individualisme ne produit que des forces isolées et restreintes et que celles-ci,

---

1. Larnaude, Second rapport sur la législation des fondations à la Société d'études législatives, 25 mars. *Bulletin de la Société*, p. 287.

groupées, associées, dirigees par un mouvement commun vers un but bien défini peuvent obtenir des résultats considérables. Aussi par la force même des choses, des unions se sont formées. En vain a-t-on détruit celles des siècles passés, a-t-on dressé les obstacles les plus grands devant les velléités de formations nouvelles : il a fallu céder et sous la pression des faits, le législateur a dû reconnaître et consacrer l'existence d'associations. Et cela, pour une raison bien simple qu'indique justement M. Séverin de la Chapelle de la façon suivante : « Pour remédier à l'impuissance évidente de la personnalité humaine et à l'impuissance relative du groupe naturel de la famille, il surgit forcément dans toute société avancée des corps composés formés par l'homme, mais affranchis des faiblesses de la nature matérielle et dont l'organisation méthodique ne peut être que le résultat de l'expérience collective de générations susceptibles d'aspirations très compliquées (1). »

Est-ce à dire qu'il faille tout incliner devant la force de l'association et annihiler complètement l'individu ? Nullement, et nous répondons ainsi par avance à l'objection la plus sérieuse faite à la représentation professionnelle. Il faut voir dans le droit

---

1. Séverin de la Chapelle, *Nouvel organisme de la souveraineté nationale en France*, p. 56.

de suffrage à la fois un droit et une fonction. Le droit appartient à l'individu, la collectivité exerce la fonction, cela conduit au suffrage universel organisé (1). Et telle est bien la formule de la plus récente théorie émise en vue de remédier au vice dont est atteinte la démocratie actuelle, celui d'être superficielle. Dans cette théorie, les individus ont leur place et les associations ont la leur ; les uns et les autres se servent mutuellement de correctifs, de telle sorte que, évitant l'anarchie, on ne tombe cependant pas dans l'étatisme.

« De plus en plus, ces trois grandes forces qui s'appellent l'État, les groupes, l'individu, verront leurs droits, c'est-à-dire leur sphère d'action, rigoureusement définis, c'est-à-dire limités. La limite du pouvoir soit de l'État, soit du groupe, soit de l'individu, sa fixation à l'avance, la certitude qu'elle ne sera pas dépassée... Voilà le but, voilà l'idéal et on me permettra d'ajouter, voilà pour l'individu la vraie liberté (2). »

Cette théorie, on peut le dire, s'est imposée d'elle-même à l'attention des penseurs et des hommes politiques le jour où l'on a vu le rôle indispensable et de

---

1. V. un article de M. Hector Denis, dans la *Revue sociale et politique de 1891*, n° 5, p. 447.

2. M. Larnaude. *Revue du droit public*, mai-juin 1910, p. 391.

plus en plus nécessaire des groupements interposés entre les puissances de l'État et la poussière des individus. C'est là qu'on a trouvé l'équilibre entre la solidarité et la liberté individuelle. Si on dissémine en effet les individus sans possibilité d'union, les forts ont bientôt fait d'accaparer tous les profits de la civilisation et du progrès matériel ; les faibles font alors appel à l'État pour les défendre.

Une communauté organisée vaut toujours mieux que la moyenne de ses membres : elle hausse ceux-ci à son niveau ; puis, les dépassant encore, elle atteint un degré supérieur. Dans ces conditions, peut-on souhaiter de meilleurs éléments constitutifs pour une société que les associations ? Le tout est de les concevoir sainement.

La Révolution a brisé les cadres étroits dans lesquels se mouvaient, mal à leur aise, les corps de métiers. Mais, dépassant le but, le législateur de 1791, par une loi connue sous le nom de loi de Chapelier, interdit toute association, tout groupement (1).

« L'association a fini, après de longs efforts, par se relever de cet anathème, et elle forme aujourd'hui un des éléments les plus essentiels de l'ordre nouveau. Sans doute, dans l'état inorganique où elle se trouve

---

1. M. Larnaude, *Bulletin de la Société d'études législatives*, 1909, séance du 17 décembre 1908. Rapport sur la question des fondations.

encore,dans certains domaines, elle ne se montre pas toujours d'une sagesse exemplaire. Mais ce sont là coups de jeunesse, turbulences et vivacités qui s'assagiront et qu'il ne faut pas prendre au tragique (1). »

Ceux-ci d'ailleurs ne tardèrent pas à renaître grâce au développement rapide de la vie industrielle, de la vie économique du pays entier. A une extension immense de la production et de la réparation devait nécessairement correspondre une organisation qui assurât l'harmonie de leurs facteurs ; ceux-ci surtout se multipliaient grâce à la prépondérance de la division du travail.

Sous l'empire irrésistible de ces forces, des associations de tous genres se sont créées,se sont développées, malgré l'interdiction légale. Mais les faits, plus puissants que les théories et les principes obligèrent à tolérer, et un jour est venu où elles ont pris une telle force que le législateur a dû intervenir, non pour en arrêter l'essor, ce qui eût été vain et inutile, mais pour en reconnaître légalement l'existence de fait. Ce fut l'objet de la célèbre loi du 11 mars 1884 sur les syndicats professionnels. Depuis, le mouvement syndical n'a fait que s'accentuer et l'on

1. Rapport de M. Larnaude sur la question des fondations, p. 29 à 31. *Bulletin de la Société d'études législatives*, 1909, séance du 17 décembre 1908.

compte aujourd'hui près de 10.000 syndicats (1),
tant patronaux qu'ouvriers, qui réunissent 1.322. 965
hommes et 103. 857 femmes sans compter 4. 423 syndicats agricoles avec 771. 452 membres.

Ainsi, dit Charles Benoist, « partout tend à prédo-
miner ce qu'il ne serait que légitime d'appeler la politique des intérêts.Par l'orientation générale du monde,
par une sorte de force des choses, la politique cède
le pas à l'économie politique, et même la politique
devient économique ». Et cet auteur en conclut :
« C'est donc dans le sens économique qu'il faut mar-
cher (2). »

Mais ce n'est pas tout encore. Nous n'avons envisagé jusqu'ici qu'un des aspects multiples et divers
de la question. Ce n'est pas seulement, en effet, dans
l'ordre économique que l'on constate le développement de l'association. Les débuts de la grande industrie, à la fin du XVIIIe siècle, ont fait naître un antagonisme entre les employeurs et les employés, ce qui
a déterminé la formation de deux catégories sociales
nettement tranchées: patrons et ouvriers. Pour les
rapprocher et pour éviter que le conflit ne soit trop
violent, on a essayé de les rapprocher en les enga-
geant à collaborer ensemble à la conquête des avan-

---

1. Exactement au 1er janvier 1898, 9.659 ; nous reviendrons
d'ailleurs plus loin sur ces chiffres.

2. Ch. Benoist, *Sophismes politiques de ce temps*, p. 204.

tages qu'ils désirent: ce fut l'objet des syndicats mixtes (1). On a tenté aussi parfois de les identifier les uns aux autres, de les rendre tous à la fois patrons et ouvriers, en formant des associations coopératives (2).

« L'association est à la fois un auxiliaire et pour l'État et pour l'individu. Il faut bien le reconnaître, la vie a de telles exigences, que l'individu est obligé, par la force des choses, de se désintéresser de la poursuite de buts d'un grand intérêt sans doute, mais qui ne sont pas pour lui d'un intérêt immédiat.

» Pourquoi n'y aurait-il pas au-dessous de l'État, bien entendu, sous sa haute surveillance, des groupements qui seraient ainsi entre l'État et l'individu un intermédiaire, qui formeraient, pour l'individu, une première zone dans laquelle il se sentirait plus protégé, plus à l'aise, parce que la force représentée par le groupement serait moins loin de lui (3). »

« Je ne crois pas, pour ma part, que l'esprit d'association répugne au caractère français. »

1. Cette forme syndicale a, il est vrai, assez peu réussi chez nous. Au 1er janvier 1908, en effet, il n'existait en France que 170 syndicats mixtes comprenant 34.388 membres. Il était intéressant cependant de le signaler.

2. Les coopératives n'ont pas non plus donné de très bons résultats chez nous, et ce, pour des raisons diverses. V. sur ce point Ch. Gide, *La Coopération*. Paris, 1906 et du même *Les Sociétés coopératives de consommation*.

3. M. Larnaude, *Observations à la Société générale des prisons*, séance du 22 avril 1896 (*Revue pénitentiaire*, 1896).

Il y a encore d'autres éléments de distinction, moins importants sans doute, mais dont il importe cependant de tenir compte : éléments civils et militaires, laïques et religieux, de la science et de la pratique, etc. Avant, mais surtout depuis la loi du 1er juillet 1901 qui a consacré d'une façon presque absolue la liberté d'association, de nombreux groupements se sont formés qui, à beaucoup de points de vue, diffèrent des syndicats professionnels de la loi de 1884 : associations littéraires, artistiques et scientifiques, associations pédagogiques, mais surtout formées par ceux qui appartiennent à une même profession libérale et plus encore associations de fonctionnaires. Le mouvement associationniste fonctionnariste, comme l'a appelé M. Duguit (1), est une des caractéristiques les plus intéressantes de la période contemporaine (2 et 3).

Enfin, il y a un dernier élément que l'on ne sau-

1. V. sur ce point les intéressantes conférences de M. Duguit aux Hautes-Etudes sociales réunies en volume : *Le Droit social, le Droit individuel et la Transformation de l'État.* Paris Alcan, 1910.

2. V. les conférences de M. Maxime Leroy à la même école, réunies aussi en volume : *La Transformation de la puissance publique, les Syndicats de fonctionnaires.* Paris, 1907. — En sens contraire, V. les articles de M. Fernand Faure de la *Revue politique et parlementaire* de 1906.

3. M. Larnaude, *Observations à la Société générale des prisons*, 1906.

rait négliger : c'est l'élément territorial. Que vont devenir, au milieu des améliorations proposées du suffrage universel, les circonscriptions territoriales qui existent actuellement ? vont-elles disparaître ? seront-elles remplacées par d'autres, toujours territoriales, mais plus vastes ou plus restreintes ?

Un point est désormais acquis : c'est l'impossibilité d'envisager le pays entier comme une circons-

---

« Le gouvernement et l'administration ont cru qu'ils pourraient enrayer le mouvement syndical, disait M. Larnaude, en permettant aux fonctionnaires, à ceux dont la maladie syndicaliste est le plus aiguë, de former des associations sur le type de la loi du 1er juillet 1901. Je crains qu'on ait fait là une concession tout à fait dangereuse et dont on ne me paraît pas avoir aperçu la portée. Je crains encore qu'on n'ait pas bien compris la loi de 1901.

» La loi du 1er juillet 1901, il ne faut pas l'oublier, proclame dans son article premier que l'association « est régie, quant à sa validité, par les principes généraux du droit applicables aux contrats et obligations.Et personne ne niera que l'un de ces principes généraux soit contenu dans l'article 6 du Code civil aux termes duquel « on ne peut déroger par des conventions particulières aux lois qui intéressent l'ordre public. »

« Or, qu'est-ce donc que les associations que prétendent former les fonctionnaires ? '

» Si elles ont pour but d'établir une pression sur les pouvoirs publics, elles sont essentiellement contraires aux lois sur l'organisation de la fonction publique, elles portent atteinte à l'ordre public. Elles sont nulles !... »

(M. Larnaude, *Observations à la Société générale des prisons*, séance du 16 mai 1906, p. 845).

cription électorale unique. Et cette impossibilité
subsiste si, dans cette circonscription unique au
point de vue territorial, on distingue cependant des
circonscriptions diverses au point de vue économique
ou social, mais basées chacune sur la similitude d'intérêts. Il serait illusoire de vouloir faire voter tous
les agriculteurs de France, par exemple, sur une
liste unique de candidats.

En somme, une seule question subsiste étant
donné qu'il faut pratiquement diviser le pays en
circonscriptions territoriales, comme subdivision
des circonscriptions d'ensemble établies déjà d'après
les intérêts, doit-on, peut-on s'en tenir au morcellement en départements, arrondissements, cantons et
communes ?

L'Assemblée constituante eut certaines difficultés
à organiser ces divisions. On pourrait retrouver les
débats auxquels cette création donna lieu dans l'*Histoire parlementaire de la Révolution française*. Ce
n'est pas le lieu d'entrer ici dans cet historique. Bor-
nons-nous à observer que l'œuvre révolutionnaire,
déjà très imparfaite sur ce point, fut aggravée
encore par Napoléon, dominé par cette idée toùte-
puissante, que tout devait converger vers l'État,
que tout lui fût subordonné. Mais les inconvé-
nients de cette organisation centralisatrice se
manifestèrent vite et déjà, en 1849, Guizot faisait
remarquer que la formation administrative et élec-

torale de la France ne pouvait durer telle qu'elle était, avec son caractère trop artificiel, qu'elle était comme un ressort trop tendu vers le centre, qu'il fallait lui donner plus de jeu, arriver à une décentralisation dont les éléments seraient des groupements naturellement formés. « Un peuple, écrivait-il, n'est point une immense addition d'hommes... tous contenus et représentés dans un chiffre unique qu'on appelle tantôt un roi, tantôt une assemblée. Un peuple est un grand corps organisé, formé par l'union, au sein d'une même patrie, de certains éléments sociaux qui se forment et s'organisent eux-mêmes naturellement, en vertu des lois primitives de Dieu et des actes libres de l'homme. La diversité de ces éléments est un des faits essentiels qui résultent de ces lois ; elle repousse absolument cette unité fausse et tyrannique qu'on prétend établir au centre du gouvernement pour représenter la société où elle n'est pas (1). »

Actuellement, bien des gens pensent encore comme M. Guizot. Mais il en est quelques autres qui, non contents de vouloir la décentralisation en conservant les organes administratifs et territoriaux existants, voudraient voir disparaître ceux-ci pour leur substituer ce qui serait à la fois une nouveauté et

---

1. Guizot, *De la Démocratie en France*, p. 109 et 110.

une vieillerie : les provinces (1). Ils estiment que ces divisions sont des groupements naturels dont la raison d'être se trouve dans les événements histo- riques, dans leur situation au point de vue du climat et du sol, dans les particularités de leurs éléments ethnologiques. Ainsi, disent-ils, un Normand n'est pas identique à un Lorrain, à un Dauphinois, à un Provençal ; ils ont des intérêts qui leur sont propres en dehors même des intérêts économiques.

Au reste, cette manière de voir ne contredit nullement la représentation de ceux-ci. Il convient seulement de tenir compte de ces deux éléments dans un système rationnel et tout en maintenant ces divisions territoriales, d'organiser parallèlement ou pour mieux dire au sein même de celles-ci la représentation des intérêts.

En somme, il y a deux sortes de groupements, « les uns économiques, les autres politiques », dit M. Larnaude. Un régime rationnel de représenta- tion des intérêts doit tenir compte de ces deux courants d'intérêts et s'ingénier à en combiner la représentation (2). On doit, d'une part, se préoc-

---

1. C'est cette division qui est à la base du projet de réforme électorale et administrative déposé par le gouvernement actuel.

2. V. Séverin de la Chapelle, *Nouvel organisme de la souveraineté politique en France*, p. 85-86.

cuper de l'élément politique qui trouve son fondement dans l'histoire, et d'autre part de l'élément économique qui renferme tous les groupes dénommés du terme générique de groupes sociaux : les premiers étant déterminés par la société organisée, les autres plus primitifs, mais d'une importance égale, déterminés par la nature même des lois économiques (1).

Sans doute, ce système serait plus compliqué que le système actuel, dont on a pu dire qu'il était si simpliste qu'il en était enfantin. Mais, avec lui, nous n'aurions plus une démocratie superficielle, car il ressort des faits eux-mêmes et il en sortirait un son qui ressemblerait mieux à la voix de la France.

Tel est le principe de la réforme que nous voudrions voir adopter par le législateur français ; telle est la base qui, selon nous, devrait servir de pivot à la nouvelle organisation de notre régime électoral.

Mais il importe, dès l'abord, de préciser l'étendue d'application de ce principe.

SECTION II

ÉTENDUE D'APPLICATION

Nous avons déjà indiqué, dans notre introduction que, selon nous, le Parlement doit comprendre deux assemblées. La première tâche en effet d'une

---

1. Ch. François, *op. cit.*, p. 13.

chambre politique doit être de consentir l'impôt :
c'est sa principale raison d'être en même temps que
sa force. Mais il faut à cette assemblée, sujette aux
entraînements, prompte à dépasser ses droits, un
contre-poids : ce sera le Sénat.

Mais pour qu'il ne soit pas seulement un pâle
reflet de sa rivale, il faut de toute nécessité qu'il ait
une origine différente.

Nous avons déjà dit que, pour réaliser le but
normal du régime représentatif, qui est d'assurer la
représentation des individus et des groupes, la
Chambre devrait être élue au scrutin de liste avec
représentation proportionnelle et que le Sénat
devrait être recruté d'après les principes de la
représentation professionnelle.

Il est des auteurs cependant, et non des moindres,
qui ont voulu donner à la représentation professionnelle un champ d'action beaucoup plus vaste et
l'appliquer même au recrutement de la Chambre des
députés. C'est le système préconisé notamment par
M. Ch. Benoist, dans son grand ouvrage sur *la Crise
de l'État moderne*, publié en 1895 (1). .

D'après ce savant auteur, la Chambre des députés

---

1. Il est à peine besoin de remarquer que M. Ch. Benoist
a depuis complètement différé d'avis sur ce point, et qu'il est
aujourd'hui un des plus ardents défenseurs de la représentation proportionnelle.

serait élue au suffrage universel direct par tous les
citoyens égaux, mais répartis selon leur profession,
en un petit nombre de catégories très ouvertes, en
trois ou quatre groupes très larges, embrassant tout
le monde, ne laissant personne dehors, ne souffrant
ni d'exclusion ni de privilège, chacun de ces groupes
devant tirer de lui-même son représentant ; avec
une double circonscription : la circonscription territoriale, déterminée par le département, et la circonscription sociale, déterminée par la profession (1).

D'autres auteurs ont fait des propositions ana-
logues.

Il en est tout d'abord qui supposent une application commencée dans la Chambre et complétée
dans le Sénat, de même que dans le Parlement
anglais on peut voir, à la rigueur, une représentation
de grands intérêts sociaux assurée à la fois par la
Chambre représentative des communes et la Chambre
des lords où sont réunis les députés de la noblesse,
du clergé et des universités (2).

M. Ad. Garnier n'envisage plus les mêmes groupements sociaux que la constitution anglaise ; mais,
lui aussi, il n'appelle les uns à se faire représenter à
la Chambre qu'en donnant aux autres le même privilège au Sénat. D'après lui, les fonctions privées,

---

1. Ch. Benoist, *La Crise de l'État moderne*, p. 250.
2. Prins, *La Démocratie et le régime représentatif.* p. 125.

agriculture, commerce, etc., envoient des députés à
la Chambre qui « doit être aussi fidèlement que possible l'expression du peuple qu'elle représente » ; les
fonctions publiques, magistrature, armée, enseignement, délèguent des représentants au Sénat (1).

C'est également sur cette distinction des particuliers et des fonctionnaires qu'est basé le système
de M. le marquis de La Tour du Pin Chambly, parce
que, dit-il, leur représentation ne saurait se former
de la même manière. « Les corps de l'État sont dotés
d'une hiérarchie et ne peuvent être représentés que
par leurs chefs ; ceux-ci détiennent un droit à la
mission représentative, quant aux particuliers, ils
seront représentés par leurs élus (2).

La société civile comprend donc, d'une part, les
corps constitués, de l'autre, les contribuables et les
sociétés professionnelles, associations libres, corporations. La première catégorie a ses cadres tout tracés.
Dans la seconde, M. de La Tour du Pin Chambly rassemble les professions sous trois épithètes : libérales,
industrielles et commerciales, et distingue trois sous-
groupements, suivant une méthode analogue à celle
qui préside aux élections du *Landtag* de Prusse.

D'autres propositions n'affectent plus la Chambre
à la représentation de certains grands intérêts et le

<hr>

1. Ad. Garnier, *La Morale sociale*, p. 125.
2. *L'Association catholique*, 15 décembre 1896, p. 538.

Sénat à celle des autres, mais confient à la Chambre
et au Sénat, en même temps, la représentation de
tous les grands intérêts répondant au vœu général
de M. Henry Maret : « Il faudrait concevoir la représentation nationale, dit-il, de sorte que l'électeur ne
votât ni par arrondissement, ni par département,
mais par intérêts, par situation, par compétence » (1).

Toutes ces propositions doivent être, selon nous,
rejetées. Elles font au principe de la représentation
des intérêts une place beaucoup trop étendue.

Mais pourquoi, dira-t-on, ne pas appliquer ce
principe, puisque nous l'avons reconnu excellent,
d'une façon générale aussi bien à la Chambre des
députés qu'au Sénat ? Pour une raison bien simple :
il existe déjà des corps qui ébauchent la représentation des intérêts économiques et sociaux, qui ne
demandent qu'à être multipliés, renforcés, grandis :
ce sont les conseils supérieurs dont nous aurons
l'occasion de reparler. Il devient, par conséquent,
inutile de bouleverser la constitution, de créer de
toutes pièces une représentation de tous les grands
intérêts dans une grande Chambre où l'on n'avait
guère songé à les dégager jusqu'ici, et une représentation des grands intérêts économiques et sociaux

---

1. *Le Radical*, août 1891.

dans un Sénat où l'on avait entrevu seulement celle des intérêts territoriaux.

D'autre part, une Chambre politique où les idées générales ont libre cours, où peuvent s'engager toutes discussions d'intérêt général, qu'il s'agisse par exemple des intérêts extérieurs du pays, des principes de l'éducation nationale, des finances, qui peuvent être discutés librement par des hommes de toutes les opinions, est une nécessité de fait que réclament à la fois nos mœurs et une tradition déjà longue.

Mais si l'on veut que la Chambre soit cela — et il faut qu'elle le soit dans un véritable régime représentatif — elle ne doit pas être un produit de la force brutale du nombre. Elle ne sera la représentation de l'intérêt général et des opinions que par l'application de la représentation proportionnelle. Alors, vraiment, au moment de sa formation et au cours de sa carrière, toutes les aspirations et tous les devoirs de toute la masse, de toute la somme numérique des individus se manifesteront ; il s'en dégagera l'âme collective du pays, faite de la communauté d'idées, de volontés et de sentiments.

Mais à côté de cette Chambre, ainsi recrutée, nous voudrions un Sénat qui ait une physionomie propre et bien vivante ; qui ait une originalité saisissable même pour les moins attentifs, qui soit un foyer d'activité et de progrès. Il ne sera tel que si son origine lui donne en quelque sorte une marque distinctive, l'oblige à être autre que la Chambre des députés, et à s'inspirer, pour les décisions à prendre, de préoccupations différentes. Le Sénat doit être la synthèse des vies collectives du pays. Et comme l'exercice de la même profession est le signe le plus sensible d'une vie commune entre individus, comme les conseils de la profession sont le foyer permanent où se concentrent les intérêts solidaires, il faut que le Sénat soit élu par tous les corps organisés pour représenter et défendre les professions : conseils de l'industrie et du travail, conseils de l'agriculture et du commerce, conseils des professions libérales. Dans chaque région, les conseils similaires, répondant à une même spécialité professionnelle, se réuniraient pour former un même collège et nommeraient, suivant leur importance, un ou plusieurs membres du Sénat. Les administrations publiques, groupées aussi par spécialités, et les grands corps de l'État nommeraient de leurs côté leurs représentants dans la Haute-Assemblée.

Une Chambre haute, recrutée de cette manière par les conseils de toutes les professions et dans leurs rangs, aurait en tous points des droits égaux à ceux de la Chambre des députés. Toutes les lois, en effet, réagissent par quelque côté sur le travail national, dont les membres d'un Sénat professionnel seraient les représentants les plus autorisés. Les questions vitales qui passionnent l'opinion, qui intéressent tout le monde : la paix et la guerre, un traité à conclure, des mesures à prendre sur l'éducation, un fléau à combattre, ont une répercussion forcée sur la vie professionnelle ; il est donc juste que des hommes qualifiés statuent sur ces questions en s'inspirant des droits et des intérêts du travail. Quant aux lois qui intéressent directement l'exercice même des professions, il serait juste que le Sénat professionnel reçut la prérogative de les examiner avant la Chambre des députés et de les voter en première ligne, puisqu'il est à la fois plus compétent et plus immédiatement intéressé. Réciproquement, la Chambre des députés garderait son droit de voter la première les lois de finances (1).

Tel est le schéma de la réforme que nous voudrions voir adoptée en France. Mais avant d'indiquer comment elle serait pratiquement réalisable, il convient d'examiner une objection d'ordre théorique qu'on lui a adressée. Certains jurisconsultes ont prétendu que l'individu est, à l'exclusion des groupes, le seul sujet normal des droits politiques, en même temps que le seul arbitre autorisé des intérêts généraux et qu'en conséquence l'attribution des droits poli-

---

1. V. en ce sens Duthoit, *Vers l'organisation profession-nelle*. Paris, 1900, p. 292.

tiques à des conseils antérieurement organisés est contraire au principe de la souveraineté nationale (1).

L'objection est grave et mérite de retenir l'attention si elle était fondée, il serait inutile de s'occuper du reste. Nous allons l'examiner en étudiant le fondement juridique de la représentation politique.

---

1. V. notamment Esmein, *Eléments du droit constitutionnel*, p. 228 et suiv.

CHAPITRE II

LE FONDEMENT JURIDIQUE DE LA REPRÉSENTATION PROFESSIONNELLE

La question que nous avons à résoudre peut se poser de la manière suivante : si la représentation des intérêts est une modification dans la base même du régime représentatif, elle ne peut être appliquée sans se trouver en présence de principes qui, eux aussi, servent de fondements au même régime. De cette rencontre résultera-t-il la constatation d'une antinomie irréductible ? Et, si cela est, à qui restera la victoire ? Ou bien, au contraire, y aura-t-il compatibilité et suffira-t-il de rechercher quelles sont les conditions les plus favorables pour qu'elle existe ? C'est ce qu'il s'agit d'élucider maintenant.

Au fond, la question revient à examiner quel est le fondement juridique de la représentation politique (1). Toutes les théories jusqu'ici conçues relati-

---

1. Sur la théorie de la représentation politiques en général, nous citerons seulement la théorie qu'on lui oppose,

vement à cette question reposent sur la notion de souveraineté. Elles se préoccupent de savoir, en premier lieu, qui est détenteur de cette souveraineté, puis, de quelle façon elle est exercée dans la direction des affaires publiques.

En fait, les doctrines qui ont été proposées pour la solution du problème sont innombrables ; cependant, il semble que ces doctrines si nombreuses se rattachent à deux tendances générales différentes et par suite peuvent se classer en deux groupes : les doctrines du droit individuel et les doctrines du droit social.

------

celle de l'organe. L'idée de représentation suppose l'existence de deux personnes juridiques, le député et la nation. L'organe, au contraire, est considéré comme faisant partie de la personne morale. Il n'est pas créé par elle, il est créé en même temps qu'elle par les forces sociales qui ont produit sa naissance et sa constitution.

Pour l'État, il naît spontanément, muni d'organes qui se constituent sous l'action de la coutume.

Le mode de nomination de ces organes et les pouvoirs de ceux-ci ont été déterminés non par elle, mais par les premiers statuts, ou s'il n'y a pas de statuts, par les coutumes qui se sont formées à l'intérieur de la collectivité (Cf. Michoud, *Théorie de la personnalité morale*, t. I, 1906) et la critique qui est faite du tome I de cet ouvrage par M. Larnaude dans la *Revue du droit public*, 1906, page 576.

Le fondement juridique de la représentation politique, tel qu'il est conçu par le droit public de la Révolution, est encore critiqué, mais à un autre point de vue, par M. Orlando dans un article de la *Revue du droit public*, 1895.

Pratiquement, l'expression la plus connue du premier groupe est la doctrine connue sous le nom de théorie de la souveraineté nationale, et pour le second groupe, la doctrine solidariste. Il est une troisième théorie, moins savante et moins métaphysique, celle de la loi expression de l'opinion publique, qui nous semble donner une explication juridique satisfaisante de la représentation professionnelle.

Nous les examinerons successivement, et comme conclusion, nous exposerons la doctrine qui nous paraît donner à celle-ci une base à la fois juridique et scientifique.

PREMIÈRE SECTION

Théorie classique de la souveraineté nationale

La doctrine de la souveraineté nationale reconnaît à la nation envisagée dans son unité le pouvoir suprême dont dérivent tous les autres. Chaque député est le représentant de la nation tout entière, et non simplement le délégué de ses électeurs, ce qui exclut l'idée du mandat impératif.

Cette doctrine classique, qui forme la base de nos constitutions modernes, a été ces derniers temps discutée et même reniée par certains auteurs.

Notre objet n'est pas ici d'entrer dans cette discussion. Aussi bien la tâche serait-elle au-dessus de nos forces. Le débat engagé sur ce point entre deux auteurs éminents, MM. Esmein et Duguit, et qui symbolise en quelque sorte la lutte entre les deux conceptions opposées du droit, le droit individuel d'une part basé sur les principes de la Révolution française, et d'autre part le droit social qui invoque les découvertes de la science moderne et se réclame des doctrines naturalistes ou biologistes, ce débat, disons-nous, est hors du cadre de cette étude.

Si nous parlons du principe de la souveraineté nationale, c'est donc seulement pour exposer les tentatives faites pour le concilier avec le principe de la représentation professionnelle.

M. Esmein exclut catégoriquement la représentation professionnelle qu'il déclare incompatible avec la souveraineté nationale. « Celle-ci ne se fractionne point entre les membres de la nation, mais reste l'attribut indivisible et inaliénable de la nation elle-même dans le développement continu des générations successives (1). »

Et il semble bien, en effet, que si l'on adopte le principe de la souveraineté nationale, il soit difficile d'échapper à cette conséquence.

M. Duguit croit cependant, quoique sa doctrine repose sur la négation de cette souveraineté, que même en restant fidèle à la théorie classique, on

---

1. Esmein, *Droit constitutionnel*, p. 216, 3ᵉ éd.

pourrait néanmoins concilier les deux principes. Cela dépend naturellement de l'interprétation qu'on donne à l'idée de souveraineté nationale.

Si l'on dit avec M. Esmein que les « divers collèges électoraux ne doivent être que des fractions du corps électoral tout entier, il faut logiquement que chaque fraction ait toutes les qualités de l'entier, c'est-à-dire se composer simplement de citoyens » (1) sans distinction de profession.

Mais M. Duguit (2) se place à un point de vue différent et au lieu de considérer comme son collègue les éléments du corps électoral, *objectivement*, pour employer sa terminologie, il se livre à une analyse *subjective* de la volonté nationale. « Cette volonté nationale, écrit-il, ne peut être que la volonté de vivre, la volonté d'assurer le maintien de tous les éléments constitutifs de la nation. Or, ces éléments ce sont non seulement les individus, mais les groupes... On assurera donc la representation de la volonté nationale, à cette condition seule qu'on fasse figurer dans le corps représentatif tous les éléments constitutifs de la nation, les individus et les groupes. Ainsi, loin d'être contradictoire avec le dogme de la souveraineté nationale, la représentation professionnelle

1. Esmein, p. 288.
2. Duguit, *Manuel de droit constitutionnel.*

en est au contraire la conséquence logique (1). »

Le raisonnement de M. Duguit repose tout entier sur l'interprétation qu'il donne au principe de la souveraineté nationale. Il nous semble qu'il n'a pas bien compris la pensée de M. Esmein et qu'en voulant se placer comme lui sur le terrain classique de la souveraineté nationale, il n'en ait pas vu avec autant de rigueur logique les conséquences que celui-ci en déduit.

A notre avis, le raisonnement de M. Esmein est inébranlable si l'on maintient le principe de la souveraineté nationale dans son intégrité, et le savant auteur nous paraît déduire avec une logique irréfutable les conséquences de ce dogme.

M. Duguit, d'ailleurs, nie le principe lui-même et refuse de reconnaître la souveraineté nationale. Cette négation nous paraît beaucoup plus conforme à son système que la tentative de conciliation de ces deux idées, de même que M. Esmein est rigoureusement logique avec sa doctrine propre en niant cette possibilité de conciliation.

Tel est bien, en effet, l'avis de M. Charles Benoist, qui juge le sacrifice de la souveraineté nationale indispensable et déclare expressément « qu'organiser le suffrage universel, c'est renoncer à la théorie de

1. Duguit, *Manuel du droit constitutionnel*, p. 3o3 et suivantes.

la souveraineté nationale ». Comme le déclare M. Esmein, cette renonciation est mieux dans l'esprit du système.

Mais cette renonciation est-elle possible ? Le principe de la souveraineté nationale est-il un dogme intangible ?

Le droit, en lui-même, n'est-il pas quelque chose d'essentiellement relatif et contingent ? « Les principes présentent, avant tout, le caractère de variabilité » (1).

Peut-être le principe de la souveraineté nationale, tel du moins que l'avait conçu la philosophie du xviiiᵉ siècle, est-il sujet à des modifications, ou pour mieux dire à des adaptations qu'impose l'évolution sociale contemporaine orientée vers l'association. Sans doute, c'est toujours la collectivité qui est souveraine, mais peut-être cette collectivité faut-il l'envisager autrement que comme une unité abstraite, et sans tomber dans l'exagération de Schæffle et des sociologues biologistes, considérer néanmoins cette notion de relativité des principes abstraits en présence de l'évolution sociale. Quoi qu'il en soit, il faut reconnaître la difficulté d'adapter le principe de la souveraineté avec celui de la représentation professionnelle, si on adopte la théorie classique dans son

---

1. M. Larnaude, préface à Laband, p. XI. *Le Droit public de l'empire allemand.*

intégrité sans essayer de la modifier selon les besoins du jour. Il est beaucoup plus facile de faire cette conciliation avec la théorie solidariste que nous allons maintenant étudier.

SECTION II

La théorie de la solidarité sociale de M. Duguit

C'est à M. Durkheim que l'on est redevable de cette théorie qui, pour n'être pas irréfutable et définitive, apporte cependant dans notre sujet des vues nouvelles qui ne sont pas sans intérêt (1).

Elle a inspiré M. Duguit qui l'appliqua au droit public. Partant de l'idée si souvent reprise à notre époque de solidarité sociale, solidarité par similitude correspondant à la communauté de besoins, solidarité par division du travail résultant de la diversité

---

1. Ce n'est pas le lieu d'exposer ici en détail les diverses théories relatives au fondement juridique de la représentation politique ni d'en faire la critique. Nous voulons seulement montrer que, quelle que soit celle que l'on adopte, aucune ne s'oppose, théoriquement, à la représentation professionnelle.

Sur la représentation politique, cf. article de M. Orlando dans la *Revue de droit public*, 1895, dont nous citons plus loin un passage.

d'aptitudes, il expose que du phénomène d'interdé-
pendance naît une règle de droit dont la conscience
individuelle perçoit bientôt le caractère impératif, et
cela à raison de l'évidence toujours plus grande de
ce fait que l'homme ne peut vivre sans les autres et
que les autres ne peuvent vivre sans lui. Cette règle
s'impose à tous, gouvernants et gouvernés, et elle crée
un état de droit objectif, impliquant tout à la fois des
devoirs et des pouvoirs objectifs : 1° devoir objectif
de respecter les actes déterminés par un but de solidarité, devoir aussi de faire tout ce qui peut accroître
cette solidarité; 2° pouvoirs objectifs d'accomplir
librement les obligations qu'elle impose.

Sur ces notions, vont se modeler les traits origi-
naux d'un système représentatif (1). Pour M. Duguit,
la représentation repose sur cette idée que l'évolution démocratique a bien pour conséquence de faire
passer la force politique entre les mains du plus
grand nombre, mais que les nouveaux gouvernants,
pour être plus nombreux, ne possèdent pas d'autres
droits, ne sont pas astreints à d'autres devoirs que
les divers détenteurs possibles de la plus grande
force. Étant soumis à l'obligation d'employer cette
force dans un but de solidarité, ils doivent s'organiser
de façon à pouvoir exécuter les charges qui leur

1. Duguit, *L'État, les gouvernants, les agents*. Paris,
1903, surtout le chapitre II. « Les Parlements »,p. 215 à 235.

incombent ; et la représentation est précisément la solution reçue par un problème, dont toute la délicatesse provient du nombre toujours plus grand des individus qui participent à la force politique.

La représentation n'est, à vrai dire, qu'une des manifestations de cette division du travail, qui s'accentue au fur et à mesure que la civilisation progresse ; le représentant est un individu solidaire de l'électeur ; s'ils se tiennent par un besoin commun, celui de maintenir la force politique qui leur appartient, ils se lient surtout par l'appui qu'ils se prêtent et les services qu'ils se rendent. Ainsi se réalise cette double solidarité qui engendre la règle de droit et doit être considérée comme l'expression des relations de fait incontestables entre électeurs et députés. « Dans ce qu'on appelle la représentation politique il n'y a point un contrat, une situation juridique subjective ; il y a un groupement social particulier, impliquant, comme tout groupement social, un état de droit objectif ; il y a pour tous ceux qui participent à cette association une série de devoirs et de pouvoirs objectifs, impliqués par la règle de droit dont elle est le fondement. Ainsi la représentation a vraiment une nature juridique, puisqu'elle est un groupement social naturel, c'est-à-dire répondant réellement à un devoir social (1).

---

1. Duguit, *op. cit.*, p. 220.

Aussi bien, toutes les institutions qui seront de nature à garantir ou à consolider la solidarité recevront un accueil favorable de la science politique : plus il sera donné, en effet, aux pouvoirs objectifs du député et de l'électeur de se pénétrer, de se conditionner, plus le groupement social se rapprochera de la perfection, plus l'harmonie sera grande entre les membres qui le composent.

On aperçoit aisément, d'après cela, la solution que donne M. Duguit à la question de la représentation professionnelle. Elle se ramène, pour le savant auteur, à la question suivante : quel est, en fait, le meilleur moyen pour assurer la représentation, c'est-à-dire la solidarité qui doit exister entre le groupe des gouvernements ? Pour la France actuelle, M. Duguit estime que le système positif de la représentation politique qui répondrait le mieux à ce desideratum serait un Parlement composé de deux assemblées, l'une élue au suffrage direct et universel, avec élection proportionnelle, ou l'autre élue par les différents groupes sociaux. Dans la conception de M. Duguit, « le Parlement forme le groupe représentatif ; dans l'intérieur de ce groupe, les divers éléments seront disposés de cette façon qu'ils correspondent le plus exactement possible aux éléments représentés (1), afin que les forces politiques soient

---

1. Duguit, *op. cit.*, p. 228.

portés à leur maximum d'intensité et de rende-
ment».

Des événements récents ont confirmé cette manière
de voir. La crise que nous venons de traverser n'est-
elle pas une invitation à suivre plus délibérément la
vision donnée par M. Duguit, de cette autre forme
d'État plus large, plus souple, plus protectrice, plus
humaine (1), reposant sur deux éléments, la règle
sociale s'imposant à tous, le fédéralisme syndicaliste ?

Ainsi, la représentation professionnelle, non seulement n'est pas incompatible avec cette théorie,
mais elle en est la conséquence logique et forcée.

SECTION III

THÉORIE DE LA LOI, EXPRESSION DE
L'OPINION PUBLIQUE

C'est dans le livre de Dicey, intitulé : *Leçons sur
les rapports entre le droit et l'opinion publique en
Angleterre, au* xix° *siècle* (2), que nous trouvons
les éléments de cette nouvelle théorie, qui se dis-

---

1. Duguit, *Le Droit social*, p. 38.
2. V. la traduction française de cet ouvrage, par Albert
et Gaston Jèze. Paris 1906 et l'article de M. Deslandres, *Le
Fondement de la loi*, de la *Revue de droit public*, 1908.

tingue des précédentes surtout en ceci, qu'elle ne
prétend pas plier les faits à une thèse déterminée et
se contente de noter les résultats d'une observation
scrupuleuse, désireuse avant tout de résister à l'en-
traînement des conceptions abstraites.

D'après M. Dicey, la loi est l'expression d'un
ensemble de croyances, de convictions, de sentiments, de principes acceptés ou de préjugés forte-
ment enracinés, qui, pris ensemble, forment l'opinion
publique d'une période particulière, ou ce que l'on
peut appeler le courant régnant ou prédominant de
l'opinion.

Dès lors, si la loi est l'expression de l'opinion
publique, s'il est démontré qu'étant donné certaines
conditions, et notamment la présence d'un organe
législatif répondant convenablement au sentiment de
l'époque, il se produit une répercussion plus ou
moins prononcée, mais inévitable, de l'opinion domi-
nante sur le cours ultérieur de la législation, alors,
comme l'écrit M. Deslandres, « rapprochées du fait
observé », nombre de théories examinées doivent
s'évanouir, « comme s'évanouit le rêve quand, au
réveil, la pensée rentre en possession d'elle-même ».

Il apparaît désormais, qu'à moins de prendre pour
la réalité l'expression d'un simple désir, qu'on ne peut
faire du Parlement une sorte de laboratoire où se
combineraient, de la main d'alchimistes isolés du
monde extérieur, les éléments d'une loi transcen-

dante ; on ne peut localiser les électeurs dans la fonction réduite du choix, creuser un abîme entre ceux qui votent et ceux qui légifèrent.

Le livre de M. Dicey ne nous fournit l'indication d'aucune de ces formules séduisantes où le talent des juristes sait enclore les faits politiques. Mais il en ressort cette constatation certaine que la science politique doit vivre des faits (1); seul leur enseignement peut être fécond ; il permet en l'espèce d'éviter une erreur dont les événements ne tarderaient pas à montrer le danger : celle qui donnerait aux représentants l'illusion d'une situation indépendante, conférée à raison de leur seul mérite, abandonnée, quant à son exercice, aux inspirations de leur opinion personnelle.

M. Dicey reconnaît, d'autre part, que, dans un pays démocratique, les lois qui seront votées, ou tout au moins qui seront mises en vigueur, doivent être les lois qui ont les préférences du peuple. Cela paraît incontestable. Mais M. Dicey ajoute : « Il est absolument impossible de prédire, en vertu de quelque principe *a priori*, quelles sont les lois que le peuple d'un pays désirera, à une époque donnée, faire voter ou mettre en vigueur (2). »

---

1. V. Deslandres, *La Crise de la science politique* (*Revue de droit public*, 1900).
2. Dicey, *op. cit.*, p. 52.

Ne semble-t-il pas que le meilleur moyen d'atteindre
ce but, faire connaître les préférences du peuple,
c'est de le lui demander, ou plutôt, comme la forme
du gouvernement direct est impossible dans un grand
pays, le demander à ses représentants naturels, à
ceux qu'il s'est choisi lui-même, en toute connais-
sance de cause parce que dans une sphère restreinte,
c'est-à-dire aux directeurs d'associations, aux présidents de groupes et de syndicats, librement formés
entre co-intéressés, dont c'est précisément le rôle
essentiel d'assurer la sauvegarde des intérêts ; il faut
bien les connaître et n'est-il pas évident qu'il est préférable de confier directement ce soin aux intéressés
eux-mêmes plutôt que de recourir à un intermédiaire
forcément incompétent ?

Encore et toujours, si l'on veut que la loi soit
l'expression des besoins généraux du pays, et il faut
qu'elle soit cela, il faut organiser la représentation
professionnelle.

M. Dicey ne le dit pas parce qu'il est un théoricien
du droit public et qu'il pose seulement des principes,
mais cela ressort nettement de sa théorie. Aussi
a-t-elle nos préférences sur les deux précédentes
parce que, élaborée en dehors de toute conception
abstraite et métaphysique, elle tend à modeler sur
les faits et à adapter l'action politique à la vie
réelle.

D'ailleurs, peu importe ce point particulier. Il

suffisait de montrer que, quelles que soient les théories que l'on adopte sur le fondement juridique de la représentation politique, aucune d'entre elles ne s'oppose irréductiblement à l'admission de la représentation professionnelle. Sans doute, celle-ci cadre beaucoup mieux avec la théorie solidariste ou avec la loi expression de l'opinion publique ; mais elle peut aussi très bien se concevoir, sinon avec la théorie classique de la souveraineté nationale, du moins avec cette souveraineté en adaptant le principe aux exigences de l'évolution sociale.

C'est en effet cette adaptation qui constitue la vraie solution du fondement juridique de la représentation des intérêts, et c'est par cette théorie définitive que nous allons conclure.

SECTION IV

LE VÉRITABLE FONDEMENT JURIDIQUE
DE LA REPRÉSENTATION PROFESSIONNELLE

Adaptation du régime politique au régime économique. — Le droit positif, produit normal de l'évolution sociale (Doctrine de M. Larnaude).

Nous voyons ainsi qu'aucune de ces théories ne contredit formellement la représentation des intérêts. Chacune d'elles non plus ne suffit à lui donner une base rationnelle et complète et à lui fournir un fondement juridique.

La première théorie d'abord, celle de la souveraineté nationale, ne peut se concilier avec ce système qu'à la condition de renoncer à la construction abstraite du droit révolutionnaire, celle de la nation une et indivisible dont chaque député est le représentant, et nous avons conclu qu'il était nécessaire d'adapter ce principe aux nécessités de l'évolution sociale.

Enfin, les deux autres théories, celle de la solidarité sociale et celle de la loi expression de l'opinion publique, ne présentent l'une et l'autre qu'un aspect partiel de la question.

Le droit social peut correspondre assez exactement dans la plupart des cas à la solidarité par similitudes ou à la solidarité par division du travail. Mais ces affinités d'une part, ces différenciations de l'autre ne suffisent point à créer le droit ; elles ne sont pas la source générale des institutions juridiques. La solidarité est un des phénomènes importants de la vie des sociétés, mais non le plus général d'entre eux.

L'existence des sociétés est conditionnée en effet non seulement par les relations de ses membres entre eux, mais aussi et surtout par le milieu dans lequel elles se développent, de même que les autres organismes vivants.

« En effet, la loi de la formation du droit, écrit
M. Tanon, n'est pas dans les doctrines du vieux
droit naturel tirées de la fiction, depuis longtemps
abandonnées, d'un état primitif de nature, ou de celles
de la convention et du contrat social, ni même dans
les théories rationalistes demeurées plus en faveur
qui fondent l'ordre juridique sur quelques principes
abstraits, dont elles font sortir, par une série de
déductions plus ou moins laborieuses, tout le contenu
du droit.

Le droit ne peut être le simple produit d'un principe unique, si large et si compréhensif qu'on le fasse.
Il est, sous le point de vue qui lui est propre,
l'expression d'une réalité puissante, qui n'est autre
que la vie ; et les facteurs de sa formation et de son
développement sont ceux-là mêmes qui déterminent
l'évolution de la vie sociale tout entière. Il est con-
ditionné par tout le milieu physique social dans
lequel il se produit « lequel provoque par ses modifications et ses transformations successives, son
évolution progressive » (1).

« D'ailleurs, écrit M. Larnaude, le droit, le privé
aussi bien que le public, n'est pas tout dans une
société, et personne ne soutient plus, aujourd'hui,
qu'il ait un développement propre, indépendant des

---

1. Tanon, *L'Évolution du droit* (*La Formation historique*,
p. 6i à 65).

autres manifestations de l'évolution sociale. Son évolution est concomitante à celle des phénomènes moraux, économiques, politiques, religieux, j'irai même plus loin, je dirai que le droit n'est rien sans ces derniers. Il n'est qu'une forme, une enveloppe puissante il est vrai, d'autant plus parfaite qu'elle se moule mieux sur l'ensemble de ces phénomènes sociaux (1). »

« Le droit ne trouve pas en lui-même la représentation des rapports sociaux qui forment la matière de ses prescriptions. Il ne crée ni les intérêts matériels, ni les intérêts moraux, que ces rapports recouvrent. Ce n'est pas lui qui les produit, ni même qui exerce l'influence prépondérante sur leurs transformations successives. Sa fonction propre est de reconnaître et définir les relations de la vie dans lesquelles ces intérêts trouvent la satisfaction la plus sûre et la plus large, et de garantir leur accomplissement paisible et régulier, par la force obligatoire qui s'attache à toutes ses déterminations (2). »

M. Deslandres, dans son beau livre sur la *Crise de la science politique*, a montré que les formes politiques des États ne sont pas le fruit de la volonté

---

1. M. Larnaude, préface à M. Deslandres, *La Crise de la science politique*, p. IV. Paris, 1902.
2. Tanon, *L'Évolution du droit et la conscience sociale*, chap. III. « Caractère des règles juridiques », p. 146-147.

humaine ; les groupes sociaux sont déterminés par
leurs antécédents et leur milieu. Voilà, dit-il, les
leçons que depuis cent ans les plus grands maîtres
de la pensée moderne ont données aux générations
de ce siècle (1).

Et M. Larnaude écrit en effet : « Il ne me paraît pas
possible de se passer de sociologie, ni dans le droit
privé, ni dans le droit public. Il ne me paraît pas possible, suivant le mot d'Auguste Comte, de « disserter
abstraitement sur le régime politique sans penser à
l'état corrélatif de civilisation. » En un mot, il y
a un lien intime entre tous les phénomènes de la vie
sociale, qu'ils soient religieux, moraux, économiques,
politiques (2). »

Ainsi, les institutions juridiques sont le produit
de l'évolution économique. Cette vérité tend de jour
en jour à prendre plus de place dans l'esprit de la
nouvelle école de droit public. Sans doute, le raisonnement juridique doit avoir sa part, mais il faut
« le féconder par l'interrogation constante de nos traditions, de notre tempérament national, qui est lui
aussi un produit de l'histoire » (3).

Nous avons dans cette théorie l'explication de l'ori-

1. Deslandres, *La Crise de la science politique*. Paris,
1902.
2. M. Larnaude, préface du même auteur, p. 6.
3. M. Larnaude, *ibid.*, p. 7.

gine du droit positif lui-même. Ce n'est ni le contrat social, ni un droit naturel, qui a engendré les
institutions positives.

Mais cette doctrine nous fournit une explication
plus étendue encore. Non seulement elle nous montre
le droit dans sa source, mais nous révèle le but qu'il
doit poursuivre. En effet, quel sera ce but ?

« Notre conception de l'ordre juridique assigne
pour but au droit, écrit M. Tanon, la détermination
des rapports obligatoires de coexistence et de coopération des hommes entre eux, en accord avec leurs
intérêts individuels et collectifs, et avec les idées de
justice fixées dans la conscience sociale.

« Toutes les règles et les institutions juridiques
faites pour durer ont été déterminées dans l'ensemble
d'un droit quelconque, d'une part, par les intérêts
qui naissent des conditions de la vie, et, d'autre part,
par les états successifs de la conscience sociale. L'utilité seule ne suffit pas, ajoute M. Tanon, pour expliquer toutes les institutions et toutes ces règles. Leur
explication totale, leur parfaite intelligence ne se
trouvent que dans l'union de ces deux éléments. Ce
sont eux qui ont inspiré, d'une manière plus ou
moins consciente, les trouveurs de la coutume,
aussi bien que les inventeurs de la loi (1). »

_____

1. Tanon, _L'Évolution du droit_, p. 159.

Ainsi, cette vaste conception d'un droit positif, droit privé aussi bien que droit public, produit de l'évolution économique, suffit à nous en révéler non seulement l'origine, non seulement le but, mais à en expliquer surtout les progrès.

La représentation des intérêts est un de ces progrès sociaux et cette conception juridique nous en fournit la base rationnelle, beaucoup plus étendue que les théories juridiques que nous avons précédemment examinées, dont chacune ne nous donne qu'une explication partielle. Baser cette représentation sur la grande loi d'adaptation de l'évolution politique à l'évolution économique, telle est la vraie solution, la solution générale conciliant à la fois la science et la doctrine juridique.

CHAPITRE III

LES OBJECTIONS. — LES AVANTAGES

Les objections d'ordre pratique adressées à la représentation professionnelle, à l'examen desquelles est consacré ce chapitre, sont assez nombreuses mais sont assez facilement réfutables. Elles ne résistent pas à un examen quelque peu sérieux. D'ailleurs, même si quelques-unes d'entre elles contenaient une part de vérité, cela ne suffirait pas à écarter le principe de la réforme en regard, surtout des nombreux avantages que sa réalisation présenterait pour notre pays. Il faut, d'autre part, ne pas oublier qu'aucune institution humaine n'est parfaite et que pour apprécier une loi, ce n'est pas à l'idéal qu'on rêve qu'il convent de le comparer, c'est à la réalité qu'elle remplace.

PREMIÈRE SECTION

LES OBJECTIONS

Il convient tout d'abord d'écarter une objection de forme, vraiment trop facile à formuler et qui n'est

F. de Benoist   5

pas d'ailleurs spéciale à la représentation professionnelle (1). C'est celle qui consiste à dire que la réforme
projetée est très compliquée, difficile à établir pratiquement et qu'elle apporterait à l'état de choses
existant un bouleversement complet (2).

Certes, ce n'est pas contestable, mais quel singu-
lier argument. Il serait étrange que l'on proposât
une réforme si elle ne devait en rien modifier le
régime existant ! D'autre part, ce serait une grave
erreur de croire que ce sont les choses les plus
simples qui sont les meilleures. Assurément, le suffrage universel, direct et uninominal, tel qu'il fonc-
tionne en France depuis 1848, est infiniment plus
simple que le système que nous nous proposons.
En est-il pour cela plus parfait (3) ? Il serait au moins
téméraire de le prétendre. Il est tellement simple
qu'il en est enfantin et qu'on a pu dire qu'il serait
autrement compris par les peuplades sauvages. Les
résultats qu'il a donnés, pour être aussi simples, n'en
sont pas meilleurs pour cela : cette forme de suffrage est condamnée elle-même par les conséquences

---

1. C'est notamment la grande objection des adversaires de
la Représentation proportionnelle.

2. Cette objection a été formulée notamment, maintes fois
au Parlement belge, lors de la revision de la Constitution en
1893. V. *Annales parlementaires*, 1892-1893.

3. V. sur ce point, une intéressante brochure de M. d'Eichthal, *La Surenchère électorale*. Paris, 1894.

logiques de son fonctionnement. Il convient, d'ailleurs, d'une façon générale, de se méfier des choses trop simples, surtout dans une affaire aussi complexe que celle de l'organisation du corps électoral. Montesquieu ne disait-il pas déjà : « C'est dans la manière de diviser le peuple en classes que les grands législateurs se sont signalés, et c'est de là qu'ont toujours dépendu la durée et la prospérité de la démocratie (1) ».

Nous ne nous arrêterons pas davantage sur une autre objection du même genre, d'après laquelle le suffrage universel, fruit de deux révolutions, étant intangible, il serait criminel de toucher à notre organisation pour amoindrir les pouvoirs du peuple et la souveraineté nationale. Or, il ne s'agit nullement de cela. La réforme proposée, loin de diminuer les droits de l'électeur, lui permettra de faire connaître sa volonté sous toutes ses formes, mieux qu'avant et de substituer, par une suite, à une majorité purement numérique, omnipotente et tyrannique, une assemblée mieux éclairée, plus compétente, mieux pénétrée surtout des véritables intérêts des représentés.

On dit encore que le classement des professions, de même que la fixation des collèges et du chiffre des députés à accorder à chacun d'eux donnerait lieu à un certain arbitraire (2). Le nombre des députés de

---

1. *Esprit des lois*, chap, II, liv. II.
2. V. Prins, *La Démocratie et le régime parlementaire.*

chacun de ces groupes ne dépendant pas du nombre des votants, mais de l'importance sociale de l'intérêt représenté. C'est cet intérêt qu'il y aura à évaluer.

Sans doute, mais toute loi organique n'est-elle pas un peu arbitraire ? Les circonscriptions électorales ne sont-elles pas arbitraires ? La règle qui fixe la majorité à la moitié plus un, n'est-elle pas arbitraire ? Le principe qui attribue un député à un chiffre donné de population n'est-il pas arbitraire ?

C'est au législateur à s'inspirer des besoins sociaux et de l'organisation économique d'un pays, et une règle scientifique sera toujours moins factice qu'un chiffre.

On dira peut-être qu'un citoyen appartient souvent à différents groupes : il est à la fois écrivain, avocat, professeur ou commerçant et propriétaire, etc. ; il possède alors un droit de vote dans plusieurs collèges. Où ira-t-il voter ?

A cet égard, il n'y aura jamais de grande difficulté dans le classement des catégories d'électeurs, et on pourra laisser l'électeur libre de choisir. Le nombre des votants d'un groupe n'exerçant pas d'influence sur le chiffre des députés de ce groupe, l'électeur qui a un choix à faire parmi les collèges électoraux le fera sans arrière-pensée. Il n'y a donc pas à l'entraver dans sa décision.

On dira encore (1) que ce système, préparant l'antagonisme des intérêts, prépare également l'anarchie et empêche toute unité dans la direction gouvernementale.

Mais n'assistons-nous pas, de nos jours, à des coalitions d'intérêts ; les gouvernements ne sont-ils pas à la merci des influences personnelles ? ne doivent-ils pas, à tout propos, compter avec elles, et la politique ardente et révolutionnaire dans les discours et même dans les actes, qui semble la caractéristique du régime parlementaire actuel, n'est-elle pas due aux rivalités individuelles, aux luttes d'intérêts dont les routes des ministères sont encombrées ? Antagonisme pour antagonisme, je préfère encore l'hostilité des forces sociales à celle des individualités.

Et puis, cette hostilité est-elle bien à craindre ? N'est-ce pas forger un danger imaginaire que d'identifier l'antagonisme d'ordres privilégiés avec la diversité naturelle de groupes libres et ouverts à tous ? Entendons-nous dire que dans le pays où cette classification existe le gouvernement n'est plus possible ?

Les pouvoirs sociaux étaient jadis réduits à leur plus simple expression et confondus dans la main du chef de l'État. Aujourd'hui, ils sont séparés, et la théorie de la division des pouvoirs est le chef de

1. V. Esmein, *Elément de droit constitutionnel.*

voûte du constitutionnalisme. Or, cette division a-
t-elle mis les pouvoirs aux prises, a-t-elle compromis
les droits des citoyens ou la marche du progrès ?
Nous savons le contraire. Ce qui est vrai des pouvoirs est vrai des classes sociales. Pas plus ici que
là, l'antagonisme n'est à craindre.

Peut-on soutenir enfin que le régime moderne est
celui qui s'adapte le mieux aux luttes politiques du
xix° siècle ? Non, car à ce point de vue l'on ne pourrait rien trouver de pire et c'est ici surtout que ces
défectuosités deviennent visibles. Le système sous
lequel nous vivons, qui est vieux de plus d'un siècle,
ne correspond plus du tout à l'état des choses actuel.
Il est indéniable que depuis une trentaine d'années
un mouvement considérable s'est produit vers les
associations professionnelles. Un des faits les plus
significatifs des temps modernes se trouve précisément être le développement inouï de l'association,
sous toutes les formes et en tous les domaines ;
incontestablement, la société se reconstitue sur des
bases corporatives ; l'individu de toute classe, de
toute profession, tend de moins en moins à agir, à
vivre isolément (1). Dès lors, n'est-il pas juste de
penser que le mode de représentation qui sera le
mieux d'accord avec notre état social modifié est la
représentation professionnnelle ?

---

1. Schatz, *L'Individualisme économique et social*, p. 3o3
et suiv.

Prenons garde qu'en attendant encore, il ne soit trop tard. Si l'on veut que le mouvement syndical et associationniste, dont il serait puéril de nier la force et qu'il serait vain de vouloir paralyser et même de vouloir retenir, reste corporatif et ne dégénère pas en émeute révolutionnaire, il faut aviser au plus tôt aux mesures à prendre. Il faut assurer aux divers groupements des représentants au Parlement, pour leur éviter de recourir à des intermédiaires intéressés et parfois incompétents qui compromettent leur cause en les dénaturant. Peut-être, est-il temps encore.

SECTION II

AVANTAGES

« Les seules fondations résistantes que l'on puisse donner au parlementarisme, écrivait M. Prins, ce sont les intérêts sociaux. L'intérêt social, voilà l'élément régulier, permanent de l'ordre politique. Il y a dans le monde quelques penseurs pour lesquels les idées sont tout, mais l'humanité qui agit, lutte et souffre ne se compose que de forces sociales et d'intérêts sociaux (1). »

---

1. Prins, p. 197.

Nous n'avons actuellement que la représentation
des partis politiques, ou bien encore, comme l'écrivait M. de La Tour du Pin La Charce, le système
actuel représente les opinions, non les intérêts. Un
intérêt est pourtant quelque chose de plus palpable
qu'une opinion. C'est en tout cas quelque chose de
plus profond. Il faut bien l'avouer dans l'esprit de la
majorité des hommes.

Cette observation n'est pas dénuée d'intérêt. Il est
aisé d'en voir la portée au point de vue de l'exercice
du droit de suffrage. On se plaint beaucoup, à chaque
élection, du nombre considérable des abstentions.
Cela est facile à expliquer. Avec le système majoritaire actuel, l'électeur qui fait partie de la minorité
s'abstiendra d'aller au scrutin, sachant que son vote
sera parfaitement inutile et cela même au cas où il
serait foncièrement attaché à une opinion déterminée.

Mais c'est bien pis s'il arrive, comme dans un
trop grand nombre de cas, que l'électeur appartient
à cette masse d'indifférents. Dans ce cas, « le mobile
le plus futile, le plus mesquin, écrit M. Prins, le fera
rester chez lui, modifiera son bulletin de vote.
Groupez au contraire les électeurs ; faites qu'ils se
trouvent réunis par la communauté du but ; il y aura
pour le votant utilité à se rendre au scrutin et son
vote sera réfléchi » (1).

---

1. Prins, p. 197.

La représentation professionnelle remédiera également, dans une large mesure, au marchandage électoral. Du jour où l'électeur votera pour son intérêt, qu'il sera en mesure d'apprécier avec netteté et d'exprimer avec précision par la voix de son représentant, il sera beaucoup moins à la merci de la pression électorale, beaucoup moins accessible à ce système d'exploitation du suffrage universel, trop en honneur à l'heure actuelle. Par conséquent, la représentation professionnelle constitue déjà un grand progrès au point de vue de la moralité politique et cette considération est de celles qui doivent, non seulement aux yeux des hommes politiques mais des penseurs et des moralistes, en faire souhaiter la réalisation.

Ainsi, donc au point de vue de l'exercice du suffrage, la représentation professionnelle constitue un progrès notable.

Macaulay écrivait : « Le gouvernement parlementaire n'est pas la representation du nombre, c'est la représentation des classes (1). »

La représentation professionnelle est plus conforme à cette notion historique. « Le gouvernement représentatif est l'héritier de toutes les forces que les anciennes institutions politiques répartissaient dans des corps nombreux (2). »

---

1. *Revue d'Edimbourg*, janvier 1852.
2. Prins, p. 199.

Par suite, elle est conforme à l'essence et à la constitution de la société, car ainsi que Royer-Collard le disait avec raison à la Chambre introuvable de 1815 : « Telle est la condition des sociétés que les institutions les plus parfaites ne sont au fond que des calculs de probabilités, dont le résultat est de préférer un moindre mal au plus grand (1). » La politique n'est pas la recherche de l'absolu, mais seulement un calcul d'approximation.

Pour y arriver, il faut envisager la société sous son véritable aspect et avec les organisations qu'elle renferme. Sans doute, il n'y a plus de privilèges. Les corporations ont été abolies. Mais il subsiste des catégories d'intérêts, des groupements, et on ne peut fermer les yeux sur leur existence qui est permanente, et qu'aucune révolution n'a abolies et ne saurait abolir. Il n'est guère possible, en effet, d'imaginer une forme de société sans groupement professionnel. Par conséquent, en assurant la représentation de ces cadres permanents, « on se rapproche beaucoup », dit M. Prins, du type le moins imparfait possible du système parlementaire.

Nous ne prétendons donc pas que la représentation professionnelle réalise la perfection. Mais elle nous paraît répondre mieux que toute autre à ce

---

1. Duvergier de Hauranne, *Histoire du Gouvernement parlementaire*, t. III, p. 292.

caractère de permanence des groupes professionnels. Les gouvernements changent, les partis politiques se succèdent au pouvoir. Les circonscriptions régionales peuvent disparaître, être modifiées comme toute institution arbitraire et artificielle. Les professions et les industries demeurent. Tant qu'il y aura des sociétés, il y aura des métiers qui nécessiteront, pour être exercés, des groupements.

Ce n'est pas tout. « Dans les unions organiques, ajoute M. Prins (1), comme dans les arrondissements administratifs, il y aura une majorité et une minorité.

» Mais plus il y a de communautés électorales, plus il y a de ressources contre l'arbitraire. La différence énorme qui sépare d'ailleurs le scrutin de liste du scrutin par groupe, c'est que, dans le second système, la minorité a toujours une certaine satisfaction. Son candidat peut échouer, ses intérêts n'en sont pas moins représentés. »

La représentation professionnelle faciliterait la pratique du referendum. C'est ce que montre avec beaucoup de force et de pénétration M. Duthoit dans son intéressante étude sur l'organisation professionnelle. L'activité professionnelle, dit-il, à laquelle chacun serait associé, inspirerait à l'individu un souci plus éclairé des intérêts généraux du métier

---

1. Prins, *loc. cit.*

de la commune et,finalement, du pays tout entier (1).
Cet auteur va plus loin et de cette pratique du referendum qui faciliterait, selon lui, l'oganisation
d'une représentation professionnelle, il déduit des
conséquences intéressantes au point de vue des
recours contre les lois injustes (2).

En résumé, nous avons trouvé dans la représentation professionnelle un ensemble d'avantages spéciaux quant à l'exercice du droit de suffrage :
intérêt de l'électeur à l'élection, suppression du
marchandage électoral, moralisation de l'élection.

En second lieu, elle offre un caractère de solidité,
de durée, que n'ont pas les autres systèmes représentatifs, car elle est l'expression de la vie sociale
elle-même dans ses manifestations organiques. Enfin,
mieux que tout autre, et mieux même que le scrutin
de liste, elle assure en tout cas la représentation des
minorités. « Autant le problème de la représentation est ardu, quand on considère la société dans

---

1. Duthoit, *Vers l'organisation professionnelle*, p. 303.
2. Cf. les intéressants développements de l'auteur sur cette
question (*loc. cit.*, p. 308) et l'exemple qu'il rapporte dans
ce passage, emprunté par lui à la communication faite par
M. F. Larnaude à la Société de législation comparée, sur les
*garanties judiciaires qui existent dans certains pays au
profit des particuliers contre les actes du pouvoir législatif (Bulletin de la Société de législation comparée*, 1902,
p. 175 et suiv.).

son unité métaphysique, autant la solution est aisée quand on prend pour pivot les réalités, c'est-à-dire les collectivités sorties pour ainsi dire spontanément des entrailles du pays (1). »

La représentation professionnelle favoriserait les capacités et ainsi serait d'accord avec le principe fondamental de la philosophie politique « qu'il convient de considérer comme un postulat, écrit M. Orlando ; ce principe, c'est que le gouvernement de l'État croit appartenir aux plus capables. »

« Il faut donc que le pouvoir législatif soit exercé par les éléments les plus aptes que l'on trouve dans l'État (2). »

Cette même idée est exprimée dans un ouvrage tout récent de M. Faguet dans la collection des études contemporaines. M. Faguet veut maintenir la représentation du suffrage universel dans la Chambre des députés car, dit-il, il importe de connaître les besoins du peuple, ses goûts, ses aspirations. Mais il faut aussi organiser une Chambre où les compétences soient représentées.

Nous allons voir les divers systèmes qui ont été proposés à cet égard dans le chapitre suivant.

_____ ,

1. Prins, *op. cit.*, p. 196 et suiv.
2. Orlando, *Revue de droit public*, 1895. — Faguet, *Le Culte de l'incompétence*.

CHAPITRE IV

LES SYSTÈMES

Le problème qu'il s'agit de résoudre peut être formulé ainsi d'après M. Ch. Benoist : « Organiser le suffrage universel de façon que, suivant et serrant de près la vie réelle du pays, il nous donne la représentation réelle du pays ; trouver pour lui des cadres assez solides et pourtant assez souples; doubler d'une circonscription sociale la circonscription géographique, et cette circonscription sociale la tirer des groupements modernes, ouverts et libres, entre autres de la profession entendue au sens large, sans refaire l'ordre ni la corporation (1).

Ce qu'il faut, en somme, c'est assurer à côté de la représentation des individus, celle de l'intérêt professionnel, parce qu'il est l'intérêt primordial, et lorsqu'il sera représenté, c'est la vie elle-même des citoyens qui sera représentée.

Sur l'organisation même de cette représentation,

1. Ch. Benoist, *La Crise de l'État moderne*, p. 246.

les conceptions peuvent varier et, en fait, les systèmes les plus divers ont été proposés.

Mais quel que soit celui que l'on adopte, il y a certaines idées directrices dont il faut tenir compte.

Devra-t-on, en effet, pour assurer la représentation professionnelle, donner des députés aux bouchers, boulangers, avocats, avoués, médecins, vétérinaires, métayers, fermiers, militaires, marins, etc. ? Évidemment non.

Cette représentation ne doit pas tenir compte de toutes les nuances d'intérêts. Ce serait la source d'une foule d'obstacles pratiques pour le fonctionnement du système. Il ne faut pas subdiviser les conscriptions électorales à l'infini, plus elles sont réduites et moins elles aperçoivent ce qui est l'intérêt général des circonscriptions similaires qui est en même temps leur intérêt propre. « Le danger est d'autant plus grand qu'une fois le morcellement commencé, on ne trouve plus guère de raisons pour l'arrêter... Cordonniers et savetiers réunis d'abord en un même groupement, aspireront un jour à être des corps électoraux distincts. Et ce serait là l'origine d'une rivalité qui rappellerait celle autrefois existante entre ces mêmes artisans, au temps des corporations (1).

1. François, *La Représentation des intérêts dans les corps élus*, p. 28.

La représentation professionnelle ne doit tenir compte que des grands intérêts. « Seuls, ils ont une amplitude suffisante pour que l'œil des hommes de gouvernement les discerne, une unité, une continuité dans leur développement et leur direction qui permet de les suivre, une orientation si proche du parallélisme avec l'intérêt général qu'on peut les grouper autour de lui en un faisceau dont ils sont la partie la plus importante et dont l'évolution doit tendre vers une approximation toujours plus réduite du bien absolu du pays (1). »

D'autre part, dans l'appréciation de ces différents systèmes, il faut être guidé exclusivement par des préoccupations scientifiques et faire abstraction de ses intérêts personnels et rester dans l'ordre de la justice quand il est confirmé par l'expérience et par l'histoire. Il ne faut pas chercher à savoir qui aura la majorité dans tel ou tel système ; il faut s'assurer avant tout si ce système est rationnel et juste pour tout le monde. Les partis politiques luttent pour obtenir le pouvoir, et cette lutte est légitime quand elle est loyale. Mais quand il s'agit de lois fondamentales, la seule préoccupation des partis doit être la recherche de la justice pour tous, c'est-à-dire l'altruisme politique et social.

---

1. François, *op. cit.*, p. 27.

F. de Benoist   6

Ce sont ces idées directrices qui ont présidé à l'élaboration de la plupart des systèmes proposés. Ces systèmes sont trop nombreux pour qu'on puisse songer à en donner un aperçu complet. Nous en signalerons seulement quelques-uns qui nous ont paru particulièrement intéressants.

PREMIÈRE SECTION

Système de M. de Haulleville (1)

M. le comte de Haulleville est partisan du système des deux Chambres et il estime, avec raison, selon nous, que l'une d'elles seulement devrait être élue d'après le système de la représentation des intérêts, l'autre étant recrutée au suffrage universel car, dit-il, « le suffrage universel *rationnellement organisé* pour l'élection de la seconde Chambre, a l'avantage d'être une consultation populaire générale » qui dégage ainsi l'opinion de la multitude.

Pour l'application à la première Chambre, M. de Haulleville distingue trois grandes classes sociales : les savants, les capitalistes et les travailleurs manuels (salariés à la journée), il faut que chacune de

1. P. de Haulleville, *La Représentation des intérêts* (*Revue sociale et politique*, 1894, p. 419 et suiv.).

ces trois classes soit représentée pour sa part et proportion. En effet, chaque intérêt social, chaque fonction ou force sociale, a droit à une part de l'exercice de la souveraineté; mais une fonction ou une force ne doit pas détruire l'autre, sinon l'harmonie sociale serait troublée et la justice serait outragée. Le bon sens, à défaut de la science, proclame la vérité de cette conclusion maîtresse.

M. de Haulleville estime que, une des plus heureuses formes politiques pour maintenir cette harmonie, c'est la représentation des intérêts, appliquée à la désignation des délégués, chargés d'exercer le droit de souveraineté.

L'histoire est d'accord avec la théorie politique pour proclamer la vérité de cette théorie basée sur les faits. En effet, les anciens états généraux, élus indirectement par le suffrage universel des citoyens d'alors, étaient constitués par les ordres : le clergé, la noblesse, le tiers-état. Celui-ci se recrutait principalement dans les corporations. En dehors de ces trois ordres, végétait une foule de manants que l'on a appelés le quatrième État et qui, à la fin du xviiie siècle, aspiraient très légitimement à prendre leur part de la représentation nationale. La Révolution vint renverser tous les anciens ordres politiques et toute l'antique organisation du travail. L'ancienne société, composée d'organismes vivants (la famille, les corporations, les ordres, etc.), fut pulvérisée et

l'État, le Dieu-État régna sur une société individua-
lisée : d'un côté, l'État tout-puissant ; de l'autre, une
multitude d'individus sans force autre que l'insur-
rection possible. Ainsi naquit le prolétariat.

Tout ce qui se passe aujourd'hui est une réaction
logique et, on peut le dire, légitime, contre cette
injustice criante de la Révolution. Le quatrième
ordre réclame sa part de souveraineté, et il a raison,
les syndicats professionnels sont une restauration
partielle des anciennes corporations (1).

La représentation des intérêts, dépouillée par la
science politique et la liberté civile de ses anciens
abus, est destinée à compléter cette œuvre de réparation et de justice.

Pour cela, M. de Haulleville veut assurer une
représentation spéciale au Sénat aux trois grandes
classes sociales : science, capital, travail, et dans ce
but, il voudrait qu'on décide que, pour pouvoir être
élu sénateur, il faut figurer sur les listes des éligibles, élus par groupes, conformément au principe
de la représentation des forces sociales. Ces groupes
sont les suivants :

La grande propriété ;

La petite propriété ;

La grande industrie ;

La petite industrie ;

---

1. P. de Haulleville, *op. cit.*, p. 425.

Le grand commerce ;

Le petit commerce ;

Les ouvriers de la terre ;

Les ouvriers de l'industrie ;

Les ouvriers du commerce ;

Les hommes de loi ;

Les hommes de sciences ;

Les hommes de lettres ;

Les artistes.

Il est dressé, chaque année, par les soins de l'administration provinciale et des administrations communales, une liste provinciale des électeurs de chaque groupe. Les membres de chaque groupe désignent, avant l'élection sénatoriale, un nombre décuple de candidats éligibles pour le siège ou pour les sièges qui lui sont attribués par la loi. Un organe spécial, la Commission d'État, est institué pour trancher toutes les difficultés que pourrait soulever la rédaction de la liste des électeurs dans chaque groupe.

Enfin, le projet de M. de Haulleville dispose que tout citoyen doit faire partie d'un groupe d'intérêts ; il ne peut, à la fois, faire partie de plusieurs groupes. En cas de contestation sur le groupe dont doit faire partie un citoyen électeur, c'est la Commission d'État qui décide.

SECTION II

Système de M. Charles Benoist (1)

Dans son système, M. Ch. Benoist, on s'en souvient, applique la représentation de la vie sociale aux deux Chambres. Nous avons dit déjà que tel n'était pas notre avis. Il n'en reste pas moins que l'examen du système de M. Ch. Benoist s'impose, comme ayant été un des auteurs qui ont le plus sérieusement étudié la question en France.

Après avoir posé les bases de son système — nous les avons déjà indiquées, nous n'y reviendrons pas — M. Ch. Benoist cherche les moyens pratiques de le développer. Comment, en combien de groupes et d'après quel principe ou quelle méthode classera-t-on les professions ?

M. Ch. Benoist estime que les classifications purement théoriques n'ont ici aucune valeur. Ce qu'il faut avoir en vue, ce sont seulement les besoins de la pratique. Il faut donc se rattacher à la classification réelle et pratique des statistiques. Partant de là, l'auteur élimine d'abord le groupe de la *force publique*, qui ne vote pas, et le groupe des sans-profession, qui

---

1. Ch Benoist, *La Crise de l'État moderne* (*De l'Organisation du suffrage universel*, p. 245 à 289).

ne vote guère ; puis il divise les professions en
sept groupes très larges : agriculture, industrie, transports et postes et télégraphes, commerce, administration publique, professions libérales, rentiers. Ce
sont là les circonstances *sociales*, lesquelles, d'après
l'auteur, peuvent coïncider avec les circonscriptions
territoriales telles que le département.

Une première répartition des sièges aura lieu entre
elles après détermination du quotient électoral ou
chiffre qui donne droit à un siège. Ce quotient est
obtenu en divisant le nombre de sièges à pourvoir.
Autant de fois ce quotient électoral sera contenu
dans le chiffre total des électeurs du département,
autant le département aura de sièges. Les sièges
non répartis seront donnés aux départements qui
ont eu les plus forts excédents.

La circonscription territoriale étant ainsi formée
et la répartition faite entre les départements, il faut
maintenant former la circonscription sociale et, dans
chaque département, faire la répartition entre les
groupes professionnels.

Le principe qui préside à la répartition des sièges
entre les départements s'applique encore ici. Autant
de fois le nombre d'électeurs appartenant à un groupe
professionnel contiendra le quotient électoral, autant
ce groupe aura de représentants parmi les députés
du département.

Comment procédera-t-on à la formation des groupements professionnels ?

De la manière suivante : l'agriculture, l'industrie et le commerce atteignant partout ou presque partout le quotient électoral ou chiffre nécessaire pour avoir droit à un représentant, constitueront partout des groupes séparés : agriculture, un groupe ; industrie, un groupe ; commerce, un groupe.

Au contraire, la force publique votante, l'administration publique, les professions libérales et les personnes vivant exclusivement de leurs revenus, qui nulle part ou presque nulle part n'atteignent ce quotient, sont considérées, au point de vue de l'élection, comme faisant, par département, un seul groupement professionnel.

Ainsi, le département formerait la circonscription territoriale et le groupe professionnel, dans le département, la circonscription sociale.

D'après ces principes, et en se basant sur les résultats statistiques officiels, M. Ch. Benoist calcule le nombre de sièges qui seraient attribués à chaque groupe dans la Chambre ainsi formée et qui, d'après lui, devrait comprendre 500 membres.

Les résultats statistiques de 1891 accusent que 47 o/o de la population classée vivent en France de l'agriculture ; que 25 o/o vivent de l'industrie ; 10 o/o du commerce ; 3 o/o des transports ; 1,9 o/o se rattachent au groupe de la force publique ; près de 5 o/o enfin de la population, familles comprises, vivent exclusivement de leurs revenus.

Mais ce rapport étant établi sur des chiffres qui comprennent les personnes des deux sexes et de tout âge, on ne saurait tabler sans mécompte pour l'organisation du suffrage universel.

En rectifiant les chiffres et en ne tenant pas compte de la force publique, les 500 sièges de la Chambre seraient ainsi répartis :

L'agriculture aurait	225	représentants
L'industrie	164	—
Le commerce	48	—
Les transports	17	—
L'administration	8	—
Les professions libérales ...	13	—
Les rentiers	25	—
Ensemble.........	500	représentants

Et M. Ch. Benoist conclut : « Comparer cette Chambre quand nous l'aurions et celle que nous avons, où l'on voit, en suivant le même classement : 38 députés seulement se rattachant au groupe professionnel de l'agriculture, 49 seulement au groupe de l'industrie, 32 à celui du commerce et des transports, 22 à celui de la force publique, 296 au groupe dit des personnes vivant exclusivement de leurs revenus. Et dites où est le pays réel, le pays vivant ?

Où serait la représentation réelle du pays, du pays vivant tout entier (1). »

Mais M. Ch. Benoist ne s'en tient pas à cela. Il estime qu'une Chambre recrutée de cette manière ne donnerait pas encore l'image, l'abrégé et comme l'action réflexe de la vie nationale tout entière ; il y manquerait, dit-il, ces vies collectives dont, pour partie aussi, est faite la vie nationale.

Il faut donc aller plus loin, et à côté de la Chambre des députés, constituée comme nous venons de le dire, il faut un Sénat « où se retrouve un autre aspect ou un autre élément de la vie nationale : *l'union locale.* »

Ici, on ne s'inquiéterait plus du nombre ; chaque département aurait 3 sièges. Le suffrage serait universel, puisque toutes les unions prendraient part au vote. Le suffrage serait égal : pour la Chambre entre les citoyens, et pour le Sénat entre les *unions.*

La répartition des 3 sièges attribués à chaque département s'opérerait de la façon suivante :

Il serait pourvu au premier par et parmi les membres du conseil général ; le deuxième reviendrait à une autre union locale essentielle : la commune ; il y serait pourvu par et parmi les membres des conseils municipaux.

Mais M. Ch. Benoist n'est pas très affirmatif sur

---

1. Ch. Benoist, *op. cit.*, p. 276.

le point de savoir qui sera chargé de pourvoir au
troisième siège. « En ce qui regarde les corps constitués proprement dits, dit-il, les Académies, les Universités, les Chambres de commerce, les barreaux
d'avocats, les Chambres de notaires, d'avoués, les
conseils de prud'hommes, on ne pense pas qu'il y
ait de doutes. Mais certaines sociétés ou associations, comme les sociétés de secours mutuels, les
coopératives, les syndicats, leur donnera-t-on ou
leur refusera-t-on le droit de vote ? »

Mais peu importe : que les syndicats soient ou
non compris entre ces unions locales, c'est par elles
et parmi elles, par et parmi ce que la loi reconnaîtra
comme unions locales, ayant le droit de la chose,
que devra être nommé un tiers des sénateurs.

Tel est le système préconisé par M. Ch. Benoist.
Il serait injuste d'en méconnaître l'ingéniosité et la
valeur. Il est le couronnement d'une étude toute spéciale très complète de la question reprise avec
beaucoup de soin. Il faut, d'autre part, ne pas oublier
que l'auteur de ce système écrivait en 1895, et qu'à
cette époque, en France tout au moins, la représentation professionnelle était une question nouvelle.

Mais cette concession faite, il faut reconnaître que
le système de M. Ch. Benoist prête le flanc à plus
d'une objection.

D'abord, ce système ne laisse aucune place à la
représentation des opinions politiques. C'est, à notre

avis, une erreur. Nous avons déjà dit pourquoi (1), nous n'y reviendrons pas.

En outre, et ceci est encore très grave dans la formation de sa Chambre des députés, M. Ch. Benoist ne s'inquiète nullement de la représentation des ouvriers. C'était bien le lieu cependant de se demander s'il ne conviendrait pas de partager la représentation de chaque groupe entre les employeurs et les employés. M. Ch. Benoist ne s'occupe de la représentation du travail qu'à propos du Sénat et encore n'est-il pas très net sur le point de savoir si les syndicats doivent être compris dans les unions locales. Il laisse aussi entendre qu'il y aurait, à ses yeux, un grave danger à faire voter séparément patrons et ouvriers. Il y voit la source d'une lutte incessante et sans mesure. Nous estimons, au contraire, que ce serait un gage d'apaisement, et, en tout cas, une garantie contre l'écrasement, sous le nombre, de l'élément directeur.

Enfin, M. Ch. Benoist fait aux professions libérales une part beaucoup trop réduite. Certes, nous convenons avec lui que le nombre actuel de parlementaires, avocats ou médecins, est hors de toute proportion, mais réduire ce nombre à 13 sur 500 nous paraît tout à fait excessif. Sans doute, ce nombre est déduit arithmétiquement, comme les autres, des résultats

1. V. le chap. I, sect. II.

statistiques. Mais est-il tout à fait suffisant de mesu-
rer l'importance des groupes et de ses intérêts par
rapport à l'importance des autres, en tenant compte
uniquement du nombre de ses membres ? Les éléments sociaux sont plus complexes, et, s'il est difficile d'établir une égalité entre les individus, à plus
forte raison cela est-il ardu pour des professions et
des intérêts. Or, le facteur d'égalité réside ici dans
l'emploi d'une commune mesure, de chiffres appliquée successivement à d'autres chiffres. Au moins, si
cela était possible, faudrait-il l'appliquer à des
éléments d'appréciation tirés de faits, de faits économiques et sociaux. M. de La Tour du Pin Chambly
déclare nettement : « De ce que les professions libérales, par exemple, ne représentent que 6 o/o de la
population, il ne s'ensuit pas qu'elles ne doivent entrer
que pour 6 o/o dans la représentation nationale (1).

SECTION III

Système de M. de la Grasserie

Nous avons déjà indiqué dans notre introduction
la distinction établie par M. de la Grasserie dans
son livre sur la structure politique de la société,

---

1. De La Tour du Pin Chambly, *De l'Organisation du suffrage universel* (*Association catholique*, sept. 1896, p. 236).

entre les deux éléments qui composent celle-ci :
l'individuel et le social. L'auteur, dans un autre
article consacré à la représentation professionnelle,
fait une autre distinction, celle-ci fondée sur les
rapports du *voisinage* entre citoyens. Il appelle
voisinage *local* le groupement des citoyens par province ou département ou commune, et voisinage
moral le groupement par profession. L'auteur constate l'absence de représentation du second élément
dans les assemblées législatives.

Il montre cependant, par un historique des groupements professionnels, que divers conseils ont été
constitués pour défendre ces intérêts, mais constate
le caractère purement local de ces conseils.

Il faut assurer leur représentation dans les
Chambres. Celle-ci doit être triple ; quant à l'intérêt
professionnel, quant à l'intérêt territorial, quant
aux opinions politiques et sociales.

Pour organiser cette triple représentation, suffit-il
d'un même vote général, c'est-à-dire de trois votes
d'un même électeur ? M. de la Grasserie se prononce
contre ce système qui « serait une augmentation
inutile » et d'ailleurs ne serait pas compris de
l'électeur (1).

V. aussi la discussion qui s'est ouverte à l'Académie des
sciences morales et politiques sur le livre de M. Ch. Benoist
(*Séances et travaux de l'Académie*, 1898, p. 425 et suiv.).

1. La Grasserie, *Revue pol. et parl.*, p. 266, 1895, t. V.

La solution, d'après cet auteur, est dans la création de collèges distincts. Pour cela il envisage la nécessité de trois assemblées.

Ce n'est pas tout. Il y a encore une distinction de classes à établir. Il faut séparer les patrons et les ouvriers. La représentation doit être calquée sur l'organisation des syndicats professionnels au sein desquels les employeurs et les employés sont groupés séparément.

Voilà donc dans le système de M. de la Grasserie deux traits caractéristiques : 1° création de trois assemblées ; 2° distinction des patrons et des ouvriers dans la formation de ces assemblées.

Cette complication ne lui suffit pas encore. L'auteur veut organiser cette représentation non seulement dans l'industrie, mais dans le commerce, dans l'agriculture, et enfin dans les professions libérales. « C'est ainsi, dit-il, que les littérateurs et les savants se grouperaient chacun de leur côté « et auraient une repré-« sentation agissant d'abord dans leurs intérêts pro-« fessionnels, puis faisant triompher, les principes « techniques que leurs études leur ont fait connaître ».

Ne semble-t-il pas que M. de la Grasserie veuille transformer les assemblées législatives en assemblées scientifiques ?

Pour le commerce, l'auteur distingue encore des différentes branches, car « chacune d'elles a des intérêts distincts et souvent contraires ».

« Ainsi, conclut-il, se trouve créée une représentation professionnelle qui répond à un aspect différent de la personnalité, mais qui n'exclut aucune
classe de citoyens. Tout le monde est fonctionnaire,
industriel, commerçant, ouvrier, écrivain ou propriétaire. Tout le monde travaille ou dirige un
métier, tout le monde sera représenté par ce système
de représentation comme par les autres (1). »

D'une manière générale, le système de cet auteur
est d'une extrême complexité. A force de vouloir
subdiviser les groupements, il en arrive à rendre
leurs organisations pratiquement impossibles. D'une
remarquable capacité d'analyse, quand il étudie dans
son article sur la structure politique de la société les
bases de l'organisation sociale, les principes qui leur
servent de fondements, M. de la Grasserie nous
paraît montrer moins d'aptitude à réaliser le système
qui doit en être la conséquence.

Il prévoit d'ailleurs lui-même l'objection fonda-
mentale qui va lui être adressée, à savoir l'immobilité qui en résultera dans le fonctionnement des
assemblées législatives. Déjà notre système actuel
donne lieu à des retards, et c'est un lien commun
sous la plume des publicistes que la constatation de
la lenteur des travaux parlementaires. M. de la Grasserie l'avoue lui-même. Tel qu'il est organisé actuel-

---

1. De la Grasserie, *loc. cit.*, p. 292.

lement, « il est quelquefois sujet à une véritable impuissance ».

Que sera-ce donc après la création de la troisième assemblée que nous propose l'auteur? Les projets de loi qui dorment pendant des années dans les dossiers des commissions seront cette fois ensevelis pour toujours.

M. de la Grasserie nous paraît n'apporter à cette grave objection qui condamne son système qu'une bien faible réponse. Il considère que « les pouvoirs de la représentation professionnelle ne seraient pas identiques à ceux des autres Chambres ». En réalité, il se trouve amené, quoiqu'il s'en défende formellement, à diminuer considérablement le rôle législatif de la représentation professionnelle. Bien qu'il ne veuille pas le reconnaître, l'auteur établit un système de représentation professionnelle où en somme le pouvoir de délibérer n'existe pas pour ces délégués des groupements professionnels.

M. de la Grasserie ne peut échapper à ce dilemme. Ou bien son système est voué à l'impuissance et à l'immobilité, ou bien il est obligé de sacrifier la plus importante attribution de ses représentants, le droit de délibérer.

Il se console en leur reconnaissant des attributions judiciaires et administratives de diverses sortes. « Les représentations professionnelles défendront, dit-il, la corporation et la représenteront vis-à-vis des

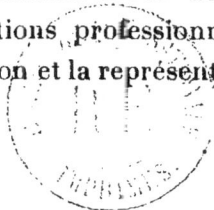

F. de Benoist

7

autres corporations. En second lieu, elles constitueront dans les corps de métiers une association de
secours mutuels. »

M. de la Grasserie est tout aussi embarrassé pour
l'organisation de ces corporations elles-mêmes. Il
établit trois degrés dans cette représentation professionnelle. D'abord l'association syndicale, et il en
imagine diverses sortes, dans chaque commune :
syndicats industriels, syndicats agricoles, syndicats
de fonctionnaires, et dans chaque syndicat, il y
aurait deux classes, celle des patrons et des ouvriers.

« Un second degré serait, dit M. de la Grasserie,
celui du conseil professionnel départemental, dont
les membres seraient élus par les membres des conseils syndicaux de chaque commune ou canton et
l'organisation distincte continuerait par groupe de
métiers. »

Enfin, troisième degré, la Chambre professionnelle
nationale. « Cette Chambre qui aurait un rang égal
à celui de la Chambre des députés et du Sénat, et
qui remplacerait le Conseil d'État dans ses anciennes
attributions législatives aurait : 1° l'initiative des lois ;
2° la préparation de celles émanant de l'initiative parlementaire qui devraient lui être envoyées ; 3° la
défense de ces lois devant le Parlement. »

En résumé, M. de la Grasserie établit trois degrés
de représentation professionnelle et trois assemblées
législatives au sommet du troisième degré.

On voit l'extrême complexité de ce système. Ce que nous en avons dit suffit à en montrer l'imperfection.

Remarquable analyste de l'organisation sociale quand il décrit la structure politique de la société, où il s'inspire, semble-t-il, de Schæffle. M. de la Grasserie ne révèle pas la même habileté quand il s'agit d'opérer la synthèse des éléments qu'il a différenciés et dont il a multiplié le nombre avec exagération. Il nous paraît, à ce point de vue, se montrer moins pratique encore que les deux auteurs dont nous avons précédemment étudié les systèmes.

Il est à craindre qu'une représentation professionnelle, organisée ainsi que le préconise M. de la Grasserie, ne soit réduite à l'impuissance et à l'inaction. En pulvérisant en quelque sorte les éléments de cette représentation, il leur enlève en fait toute efficacité. D'autre part, dans l'élaboration des projets de loi, l'introduction d'une troisième Chambre amènerait une lenteur telle qu'en pratique aucune réforme sociale ne pourrait aboutir.

Nous n'avons cité que ces trois systèmes, bien qu'il en existe beaucoup d'autres, mais dont l'étude serait sans intérêt, celle-ci ayant été faite maintes fois (Cf. de Greef, *La Constituante et le régime représentatif*. Bruxelles, 1892).

Nous allons, en comparant les divers systèmes que nous venons d'étudier et en empruntant à chacun d'eux les éléments qui nous paraissent devoir être conservés, essayer de faire l'ébauche d'une synthèse, d'un système de représentation professionnelle à la fois plus pratique et moins complexe, tout en nous efforçant de conserver les bases logiques que cette étude nous a permis de dégager.

SECTION IV

Système proposé

Nous avons indiqué déjà l'inconvénient qu'il y aurait à multiplier indéfiniment les groupes. Mais l'étude des classements professionnels nous montre que toutes les professions peuvent être rattachées à trois groupes principaux : celui de l'agriculture, celui du commerce et de l'industrie et celui des professions libérales et de l'administration publique.

Le premier comprendrait, par exemple, tous les électeurs classés dans la section II du recensement professionnel effectué en 1896 par le Ministère du Commerce : *agriculture et forêts*. Viendraient ensuite : tous les électeurs des sections ; 1 : pêche ; 3 : industries extractives ; 4 : industries de transformation ; 5 : manutention et transport ; 6 : commerce, spectacles, banques, du même recensement. Le troisième les électeurs des sections ; 7 : professions libérales ; et 9 : services de l'État et des communes.

Il conviendrait naturellement de faire rentrer dans ces trois groupes tous les électeurs qui ne semblent pas, de prime abord, en dépendre, tels que ceux que le recensement professionnel de 1896 classe dans la section O : profession inconnue, et dont il serait nécessaire de connaître la profession ; ceux aussi que comprend la section ; 3 : soins personnels, service domestique, et enfin tous ceux qui ont été classés à part, comme ne faisant pas partie de la population active, tels que les ministres des cultes, ceux qui peuplent les asiles et les hospices, et ceux qui vivent de leurs revenus.

Les domestiques agriculteurs — qui sont de véritables ouvriers agricoles — pourraient très bien être classés dans la section de l'agriculture ; les autres devraient appartenir au groupe du commerce et de l'industrie.

Quant aux électeurs qui vivent de leurs revenus, ce sont pour la plupart des retraités du travail et, comme tels, ils doivent voter avec ceux qui exercent encore la profession qu'ils ont exercée : les ouvriers ou les patrons qui se sont livrés au commerce ou à l'industrie, avec les commerçants et les industriels, les retraités militaires et les fonctionnaires avec le groupe des professions libérales et de l'administration publique. Cette classification ne présente d'autre difficulté que celle d'établir les bases sur lesquelles elle sera faite.

Le nombre des sièges à attribuer à chaque groupe dépendra du nombre des membres de la Chambre et du nombre des électeurs inscrits à chaque groupe.

Admettons que le nombre des sénateurs soit uniformément fixé à 3oo. Les électeurs français, y compris ceux qui résident dans les colonies représentées à la Chambre étant environ de 11.090.000, la répartition des sièges aurait lieu à raison de 1 par 37.000 électeurs. Mais un recensement électoral préalable serait nécessaire pour déterminer exactement combien de sièges appartiendraient à chaque groupe et la délimitation des circonscriptions électorales ne saurait être faite qu'après ce recensement.

La circonscription électorale dépend elle-même du nombre des électeurs répartis sur un même territoire et du mode de scrutin adopté ; elle varie suivant que l'élection a lieu au scrutin de liste ou au scrutin uninominal.

Au point de vue général, il ne semble pas qu'il y ait de grosses objections à faire, au scrutin uninominal appliqué aux professions agricoles, commerciales, industrielles. Le nombre de leurs représentants serait assez grand pour que tous les intérêts soient représentés. Pour les professions libérales, on pourrait, sans dommage, adopter le scrutin de liste. C'est là, d'ailleurs, une question secondaire et, sacrifiant au préjugé qui veut que, par égalité, il faille entendre nivellement social, nous supposons que des élections

auraient lieu dans tous les groupes au scrutin uninominal, bien certain que nous sommes que les élus du
troisième groupe, qu'ils soient avocats, fonctionnaires
ou médecins, sauront s'assimiler les intérêts de leurs
mandants et les défendre avec autorité.

Il faudrait donc trois sortes de circonscriptions
ayant en moyenne 37.000 électeurs et, en réalité, de
30.000 à 45.000 chacune ; les circonscriptions agricoles comprenant rarement plus d'un département ;
ces circonscriptions commerciales et industrielles
comprenant plus fréquemment plusieurs départements avec une moyenne égale aux précédentes, et
enfin les circonscriptions libérales et administratives, comprenant 4 ou 6 départements en moyenne,
sauf pour le département de la Seine.

La délimitation de ces circonscriptions ne serait
pas plus difficile que ne l'est, sous le régime actuel,
la détermination de certaines circonscriptions électorales qui implique la division d'un arrondissement
en 3, 4, 6 et même 9 et 10 circonscriptions.

Le vote de chaque groupe aurait lieu sans difficulté le même jour, si nous adoptions, comme certains cantons suisses, l'usage d'urnes de trois couleurs
différentes et si nous faisions voter, par exemple,
l'agriculteur dans une urne bleue, le commerçant
dans une urne blanche et le fonctionnaire dans une
urne rouge. Le contrôle serait facilité par la déli-
vrance de cartes de même couleur que celle de l'urne,

c'est-à-dire des cartes bleues à l'agriculteur, blanches aux commerçants et industriels, rouges aux fonctionnaires et électeurs exerçant une profession libérale.

Quant à la question de *l'électorat*, nous nous inspirerons des idées de M. François et nous dirons qu'il est bien évident que l'électorat des femmes existera pour tous les corps représentatifs (1).

« Les femmes, dit cet auteur, qui va plus loin que nous et leur donne *l'éligibilité*, doivent prendre leur part des responsabilités générales dans les affaires publiques ; elles y sont aptes, la vie sociale ne peut que gagner à leur présence agissante. Les femmes ont surtout un droit à *l'éligibilité* en vertu des intérêts sociaux qui leur sont propres... Avec la réforme du suffrage universel, cette revendication des droits de la femme ne peut manquer d'être définitivement admise. On verra alors des femmes candidats à tous les corps élus du pays (2). »

Sans aller aussi loin, il est évident que les arguments contre le suffrage des femmes avec le mode actuel, avec l'élection basée uniquement sur des préoccupations politiques, qu'elles seraient, dit-on, moins à même d'apprécier que les hommes, perdent

1. François, Thèse citée, p. 301.
2. Sur le suffrage des femmes, cf. Turgeon, *Le Féminisme français*, 1898. — Jèze, *Revue de droit public*, 1905, p. 821.

beaucoup de leur portée quand il s'agit de représentation professionnelle (1).

« Le problème de l'éligibilité, tout comme celui
de l'électorat, reste, en fin de compte, dominé par
quelques points importants », écrit M. François.

» La patente introduite comme condition d'acces-
sion à l'électorat dans certains groupes professionnels,
les résultats des recensements, les déclarations, les
opérations des citoyens, serviraient de facteurs
complémentaires (2). »

Il importe évidemment de reconnaître à ces groupes
professionnels la plus grande somme possible de
droits. En effet, cette reconnaissance au groupement
de droits plus étendus est un progrès dans la liberté
de l'individu lui-même. C'est ce que M. Larnaude
montre avec beaucoup de force, dans un passage
que nous nous permettrons de citer :

« Je dis que la concentration d'un grand nombre
de droits dans les groupes est un idéal plus élevé
que celui de l'individu investi de tous les droits,
parce qu'il donne bien mieux satisfaction à l'idée
de justice, base essentielle de toute organisation
sociale..., qu'il s'agisse de l'État et de ses satellites
territoriaux, qu'il s'agisse des groupements professionnels, mutualistes, coopératifs, plus leurs droits

---

1. Louis Frank, *Essai sur la condition politique de la
femme*, p. 113.

2. François, Thèse précitée.

augmentent, plus leur personnalité juridique prend d'amplitude... La personnalité et la puissance des groupements ne diminuent qu'en apparence la personnalité et la puissance des individus. Ils ne diminuent que la puissance de quelques-uns, mais augmentent singulièrement la puissance du plus grand nombre (1). »

Enfin une question se pose dont les auteurs précédents ne nous ont pas donné la réponse. Pourra-t-on choisir des représentants qui ne seraient pas de la catégorie professionnelle de leurs électeurs ?

Sans doute, il faut laisser toute liberté à l'électeur dans le choix de ses mandataires. Mais il est à craindre que si on adopte cette idée, on sacrifie l'aptitude professionnelle.

Cependant, ce n'est pas là une objection irréductible. A notre avis, la représentation n'implique pas que le député soit de la même catégorie que ceux qui l'ont élu.

L'essentiel est surtout que chaque groupe s'est représenté dans les assemblées délibérantes. Bien que la première solution, l'homégénéité de l'électeur et de l'élu nous paraisse préférable, si les nécessités de la pratique amenaient un groupe à faire appel à d'autres groupes, pour la personne d'un représentant, cela ne saurait empêcher la représen-

---

1. M. Larnaude, *Revue du droit public*, p. 582, 1906.

tation des intérêts d'être assurée avec exactitude, sinon avec la même compétence (1).

Notre système, naturellement, n'est pas un projet définitif, ce n'est qu'une ébauche que la technique de l'art politique aurait à rendre utilisable et pratique. Mais il suffit à montrer, croyons-nous, que s'il est évidemment malaisé d'opérer un classement entre les diverses professions, cela n'est cependant pas impossible.

Au surplus, si le système de la représentation des forces sociales était une bonne fois discuté sérieusement, il naîtrait certainement des formes nouvelles d'application et une œuvre telle que celle-ci pourrait être grandement perfectionnée.

En tous les cas, nous croyons en avoir assez dit, à la suite de jurisconsultes et de publicistes éminents, pour montrer que le système de la représentation des forces sociales, quel que soit le procédé empirique au moyen duquel on le réalise, est seul absolument bon, démocratique et conservateur ; seul, il répond à nos antiques traditions nationales et aux conclusions de la science sociologique actuelle.

———

1. Nous avons d'ailleurs indiqué dans notre section IV du chapitre II, que nous ne sommes pas partisans d'un système préconçu, mais surtout pénétrés de la nécessité d'adapter l'évolution politique à l'évolution économique, et nous croyons, que mieux que tout système *a priori*, celle-ci doit inspirer les règles à suivre en pratique.

CHAPITRE V

APPLICATION ET PROJETS D'APPLICATION

Jusqu'à la Révolution française, la représentation des intérêts a été la seule base de recrutement des assemblées délibérantes en Europe. Mais si elle était comprise d'une façon à peu près uniforme par toutes les législations d'alors, elle ne répondait pas du tout à la conception moderne. Les électeurs, en effet, étaient rangés dans des classifications fondées sur des privilèges ; c'était donc plutôt une représentation des classes que d'intérêts professionnels.

Ces privilèges, dont l'existence était à la base du droit électoral, ont aujourd'hui presque partout disparu et à cette vieille notion s'est substituée la notion d'égalité politique (1).

Il y a cependant de nos jours encore de nombreuses législations qui ont une représentation organique

---

1. Sur la notion d'égalité politique, voir la thèse de M. René Brunet, *Le Principe de l'égalité en droit français*. Paris, 1910.

basée sur la différence des classes, c'est le cas de presque tous les petits États qui composent l'empire allemand.

D'autres pays, au contraire, ont cherché, dans une autre voie, de nouvelles classifications d'intérêts plus conformes à notre État moderne. Parmi eux, nous citerons surtout l'Autriche et l'Espagne. Sans doute, l'exemple de ces deux pays ne donne que des embryons de représentation professionnelle, ils méritent cependant d'être signalés.

Par contre, un essai de représentation organique véritable a été proposé et discuté en Belgique, lors de la revison de la Constitution belge en 1892. A cette époque, des propositions nombreuses se firent jour, qui, à des degrés divers, visaient à l'établissement d'une représentation organique sur la base professionnelle. Elles n'ont pu finalement aboutir, elles doivent cependant retenir notre attention.

Nous étudierons aussi l'histoire de la représentation professionnelle en France pendant toute la durée du siècle dernier.

PREMIÈRE SECTION

LA REPRÉSENTATION DES INTÉRÊTS A L'ÉTRANGER

§ 1. — *États allemands* (1)

La plupart des États particuliers qui composent l'empire allemand ont un système de représentation politique qui se rapproche de la représentation professionnelle, mais qui en diffère cependant en ce qu'il est basé sur des ordres ou sur des classes plutôt que sur des intérêts. C'est une forme ancienne de représentation organique qui ne peut ni ne doit être celle de l'État moderne, mais qu'il convient cependant de rappeler.

Dans le Grand-Duché de Bade, le Parlement est composé de deux Chambres (2). La première comprend une trentaine de membres, parmi lesquels les princes de la maison ducale, les chefs des familles dites d'État ; l'évêque catholique et 1 ecclésiastique protestant ayant rang de prélat, 8 députés de la noblesse, élus dans leur ordre même, par les propriétaires de seigneuries, 2 députés des Univer-

---

1. V. Dareste, *Les Constitutions modernes*, 3e édit. Paris, 1910 et l'*Annuaire de législation étrangère*.

2. Acte constitutionnel du 22 août 1818. — Lois des 17 février 1849, 21 oct. 1867 et 21 déc. 1869.—Loi du 26 août 1876.

sités (Heidelberg et Fribourg), 8 membres nommés par le Grand-Duc sans distinction de rang ni de naissance.

La seconde Chambre comprend 63 députés dont 2 représentent les villes et 61 les campagnes. Ce suffrage est à deux degrés, mais sans condition de cens : c'est le suffrage universel.

Aussi, pour la première Chambre, le droit d'élection appartient à la noblesse, ordre, classe fermée ou caste ; aux universités, corporations fermées ; et de même qu'eux seuls possèdent l'électorat, eux seuls ont encore l'éligibilité, avec quelques autres privilégiés. « Cette organisation, dit M. Ch. Benoist, repose bien sur les États, sur les *Stœude*. La base en est bien la distinction entre nobles et non nobles, d'une part, et d'autre part, entre nobles et divers titres. C'est bien une forme ancienne de représentation organique, et plutôt le système des ordres que le régime représentatif au sens moderne (1) ».

En Saxe (2), on se trouve en présence d'une forme complète de la représentation organique ancienne.

Les membres de la Chambre des seigneurs sont nommés par des catégories spéciales d'électeurs qui

---

1. Ch. Benoist, *La Crise de l'État moderne*, p. 206.
2. Constitution du 4 septembre 1831. — Loi du 3 décembre 1863.

comprennent des membres de droit à titre héréditaire, et des membres élus par des corporations ou
des ordres privilégiés : chapitres, universités, seigneuries, collège des propriétaires,de biens équestres
et d'autres grands domaines ruraux ; la religion, la
science et la terre noble.

En Würtemberg, la Chambre des députés se compose de membres désignés par leur office ou leurs
fonctions et de membres élus par la noblesse
équestre, le chapitre métropolitain, les villes et les
bailliages.

Ce n'est pas dans ces formes anciennes et suran-
nées que nous devons chercher les éléments d'un
système applicable à notre pays. Elles supposent en
effet la survivance d'ordres et de corps privilégiés
que la Révolution française a heureusement abolis.
Nous verrons s'il n'y a rien à emprunter à 'd'autres
systèmes plus modernes, et notamment à celui de
l'Espagne et à celui des trois villes hanséatiques :
Brême, Hambourg et Lubeck (1).

---

1. On trouve encore des éléments de représentation des
intérêts aux Pays-Bas où la première Chambre est élue par
les conseils provinciaux, en Suède où la première Chambre
est élue par les assemblées provinciales et les conseils municipaux des villes qui ont plus de 25 âmes. On pourrait encore en trouver en Hongrie, en Norvège, en Italie, en
Portugal, en Roumanie, en Serbie, etc. Mais il n'y a pas
lieu d'insister sur ces applications partielles ; elles ne sont
susceptibles de nous fournir aucun élément utile pour la
construction d'un système français.

§ 2. — *Autriche*

Nous trouvons une application partielle, et d'ailleurs très imparfaite de la représentation professionnelle dans le système électoral qui fonctionnait en Autriche antérieurement à 1907 (1).

Jusqu'en 1896, la loi divisait les électeurs en quatre curies :

La première était formée par les grands propriétaires fonciers, la noblesse et les prélats ;

La seconde, par les Chambres de commerce ;

La troisième, par les habitants des villes :

La quatrième, par les habitants des campagnes.

En 1896, le gouvernement créa une cinquième curie, dans laquelle il fit entrer les électeurs des quatre premières et la plupart de ceux qui auparavant étaient privés du droit de vote.

La première catégorie se composait de la grande propriété territoriale ou féodale, celle qui comprend des domaines payant, en général, 100 florins d'impôts. Le droit de vote était attaché, non à la qualité du propriétaire, mais à la qualité de la terre. Ainsi, lorsque le propriétaire ne remplissait pas les conditions exigées pour être électeur, il

---

1. V. *Annuaire de législat. étrangère*, 1906, p. 250 et suiv., 1907, p. 259 et suiv.

pouvait néanmoins exercer le droit de vote par un mandataire muni d'une procuration. C'est ainsi que les femmes et les militaires en activité de service pouvaient prendre part à l'élection des députés.

Dans la seconde catégorie figuraient les représentants des villes, marchés et centres industriels.

Les deux dernières se rapprochent davantage de l'idée de représentation professionnelle, puisque l'une représente le commerce et l'industrie, et l'autre, l'agriculture.

Cependant, la séparation entre les deux manières de voir est loin d'être absolue. Aussi peut-on dire que le système autrichien antérieur à 1907 n'organisait qu'une représentation très imparfaite des intérêts. D'abord, il laissait en dehors de toute représentation les professions libérales qui sont un élément essentiel que l'on ne saurait négliger.

En outre, c'était un système hybride qui se rattachait par certains côtés au moyen âge, et par d'autres à des notions modernes qui s'accordent assez mal avec les précédentes.

Comme le dit M. Ch. Benoist « ce système contient encore des éléments qu'on eût dû rejeter comme anciens et ne contient pas encore suffisamment d'éléments modernes ».

Aussi, n'est-ce pas sur cette ébauche très imparfaite qu'il faut se baser pour apprécier la représentation professionnelle.

Au surplus, nous ne mentionnons cette expérience que pour mémoire, puisque la loi du 26 janvier 1907 est venue substituer au régime antérieur un régime nouveau de représentation du peuple, dans lequel on n'a tenu aucun compte de l'idée ancienne (1).

§ 3. — *Espagne*

Le pouvoir législatif en Espagne s'exerce par les Cortès qui se composent de deux assemblées législatives dont les pouvoirs sont égaux : le Sénat et la Chambre des députés (2).

Les Sénat espagnol comprend 360 membres, qui se répartissent en trois catégories : les sénateurs par droit propre, les sénateurs à vie nommés par la Couronne et les sénateurs élus. Ces derniers, dont la situation seule nous intéresse, sont au nombre de 180. Ils sont élus pour cinq ans par le clergé, les sociétés savantes et économiques, les universités, les conseillers provinciaux et les délégués des municipalités et des plus imposés des communes. Ces

---

1. Voir le texte de la loi dans l'*Annuaire de législation étrangère*, 1907, p. 270 et 271.

2. Lagaillade, *La Constitution espagnole et le régime parlementaire en Espagne*. Thèse de Toulouse, 1901.

sénateurs doivent être choisis dans les mêmes catégories que celles fixées par l'article 22 de la constitution pour les sénateurs nommés à vie, c'est-à-dire
parmi les députés ayant fait partie des trois Chambres,
les ministres, les évêques et certains hauts fonctionnaires civils et militaires :

1° Le clergé est représenté par 9 sénateurs élus,
à raison de 1 par archidiocèse, par les archevêques,
évêques et délégués des chapitres de chacune des
provinces ecclésiastiques de Tolède, Séville, Grenade, Santiago, Saragosse, Tarragone, Valence, Bur-
gos et Valladolid, réunis au chef-lieu de la province
(loi de 1877, art. 1er);

2° Les 6 académies : Académie royale espagnole,
celle d'histoire, celle des beaux-arts, celle des sciences
morales et politiques, celle de médecine de Madrid
nomment chacune 1 sénateur (art. 1er);

3° Chacune des 10 universités de Madrid, Barcelone, Grenade, Salamanque, Santiago, Saragosse,
Séville, Valence et Valladolid, nomme 1 sénateur
avec le concours des recteurs et professeurs, des
docteurs immatriculés, des directeurs d'enseignement secondaire et des chefs des écoles spéciales de
la circonscription (art. 1er);

4° Les sociétés économiques d'amis du pays,
qui perpétuent les plus anciennes associations du
royaume et qui sont à peu près équivalentes à
nos Chambres de commerce et d'agriculture, sont

groupées en cinq régions dont les centres sont Madrid, Barcelone, Léon, Séville et Valence. Chaque société d'une même région élit 1 délégué par 50 membres et les délégués élisent 1 sénateur pour la région (art. 1er) ;

5° Les députés provinciaux qui représentent nos conseillers généraux, les délégués des municipalités compromissarios (dont le choix appartient aux membres des conseils municipaux et à un nombre quadruple des plus imposés de la commune) réunis au chef-lieu de leur province respective forment dans chaque province un collège électoral qui élit 3 sénateurs, les sénateurs de cette catégorie sont au nombre de 150 (art. 2).

Tel est le régime électoral du Sénat espagnol. Sans doute, le nombre des représentants accordés aux sociétés économiques du pays est très faible. Il n'en est pas moins intéressant de constater qu'on a jugé utile de les faire participer à la vie politique, quoiqu'elles ne soient que d'origine relativement récente, en comparaison de celle des autres circonscriptions qui nomment les sénateurs, c'est-à-dire les archevêchés et les chapitres, les universités et les académies. Mais, dit M. Ch. Benoist, « modernes par leur âge, les sociétés économiques du pays le sont plus encore par les fins qu'elles poursuivent, si cette fin est d'encourager l'industrie et d'augmenter la richesse publique par le développement des arts et des manufactures de l'agriculture, etc. Toutes choses dont l'État moderne se préoccupe plus que ne faisait l'État ancien » (1).

En outre, ces sociétés économiques ont aussi une part dans la représentation de la Chambre des députés, ainsi que les universites littéraires, les Chambres de commerce, industrielles et agricoles officiellement organisées, et ainsi, à côte des districts ou circonscriptions territoriales, il y a des collèges spéciaux, des « corporations » pour employer les termes de la loi.

Il y a une circonscription sociale chaque fois qu'une de ces corporations réunit 5.000 électeurs ; quand une corporation n'atteint pas ce chiffre, elle peut se joindre, pour constituer un collège électoral, aux autres corporations de même classe ou de même ordre, géographiquement les plus voisines (art. 24 et suiv.) (2).

La représentation des intérêts a donc trouvé place dans la loi électorale au profit des mêmes corporations qui ont le droit d'élire des sénateurs sous certaines conditions de groupement (3).

---

1. Ch. Benoist, *La Crise de l'État moderne. De l'organisation du suffrage universel.*

2. Il y a actuellement 27 circonscriptions sans lesquelles les députés, au nombre de 91, sont élus au scrutin de liste.

3. Il semble que ces corporations se soient montrées jusqu'ici peu disposées à user de ce privilège. En effet, 4 col-

§ 4. — *Les villes hanséatiques*

Dans les villes libres : Brême, Hambourg et Lubeck, les institutions se rapprochent de ce que nous regardons comme la forme nouvelle de la représentation, le type ancien étant caractérisé par l'ordre fermé ; le type moderne, par la classe professionnelle et l'association ouverte (1). L'exemple que nous offre le régime électoral de la ville de Brême est, à ce point de vue, tout à fait caractéristique.

La bourgeoisie de Brême peut être citée en effet comme un type de représentation professionnelle moderne complète.

En effet, les électeurs à la bourgeoisie de Brême sont divisés en 8 classes, dont chacune élit ses propres députés :

La première classe comprend les électeurs de la cité de Brême munis de diplômes universitaires ;

La deuxième comprend les commerçants de la ville même ;

La troisième se compose des industriels de l'État entier, répartis en 10 sous-classes suivant la variété des professions ;

---

lèges de sociétés économiques d'amis du pays ont seuls réclamé la jouissance du droit que leur confère la loi. Cela tient, paraît-il, au manque d'éducation politique des Espagnols.

1. Ch. Benoist, *op. cit.*, p. 21.

La quatrième classe réunit tous les autres électeurs de la cité de Brême qui ne rentrent pas dans les classes précédentes ;

La cinquième et la sixième classes comprennent respectivement les électeurs des deux villes annexées à l'État de Brême ;

La septième et la huitième comprennent les électeurs des 35 communes rurales de l'État, avec, dans la septième, les plus haut imposés, et dans la huitième, tous les autres citoyens.

D'autre part, le Sénat qui est composé de 18 membres, doit comprendre au moins 6 jurisconsultes et 5 commerçants.

On a ainsi une véritable représentation professionnelle, et même, fait justement observer M. Ch. Benoist, « une représentation organique double, en ce qu'elle organise tantôt le corps électif (Sénat), tantôt le corps électoral (bourgeoisie) » (1).

Nous trouvons encore, sinon une application, du moins une tentative d'application de la représentation des intérêts dans un autre pays : la Belgique, dont le système électoral est probablement le plus parfait de ceux qui existent actuellement en Europe (2).

---

1. Ch. Benoist, *op. cit.*, p. 229

2. Sur le système électoral belge, v. Dupriez, *L'Organisation du suffrage universel en Belgique*. Paris, 1901.

§ 5. — *Belgique*

La question de la représentation des intérêts fut l'objet d'une discussion très approfondie au Parlement belge lors de la revision de la constitution, en 1892-1893 (1).

On peut classer en deux catégories les nombreuses propositions qui furent alors élaborées.

Les unes n'avaient d'autre objet que de constituer pour le Sénat ou la Chambre des représentants (c'est le plus souvent au Sénat que l'on pensait) des catégories d'éligibles.

D'autres, partant d'un principe différent, organisaient le corps électoral et par là une véritable représentation professionnelle.

Des premiers, nous ne dirons que très peu de chose, car la représentation des intérêts qu'ils organisent n'est plus que l'ombre d'elle-même, ils n'ont d'autre but que de créer des catégories nouvelles d'éligibles déterminées par la fonction ou la situation sociale, tandis que si on veut vraiment représenter les intérêts, il faut créer des groupements nouveaux des électeurs en vertu des affinités sociales ou économiques.

Certains parlementaires cependant, effrayés sans

---

1. V. Arnaud, *La Revision belge*, 1890-1893.

doute par la nouveauté de .a réforme proposée voulaient apporter une modification moins profonde au
recrutement du Sénat en édictant certaines conditions nouvelles d'exigibilité qui viendraient se superposer à celles déjà existantes.

M. Wœste déposa à la Chambre une proposition
en ce sens (1).

Aux termes de cette proposition, pour être éligible au Sénat, il fallait remplir certaines conditions de nationalité, d'âge, de domicile, de cens
et, en outre, étaient éligibles les citoyens qui indépendamment de ces conditions, appartenaient aux
catégories suivantes : ministres, anciens hommes
politiques, anciens diplomates, anciens hauts magistrats et hauts fonctionnaires administratifs, les
anciens hauts gradés de l'armée, les hommes éminents des sciences, lettres et arts, ainsi que de l'agriculture, de l'industrie, du commerce et des finances.

Cette proposition est le type de celles qui ont été
produites devant les Chambres belges. Toutes les
autres ne font que modifier les catégories que nous
venons d'énumérer, soit pour en augmenter, soit
pour en restreindre le nombre (2).

1. Documents parlementaires, 1892-1893. Chambre, p. 127.
2. V. notamment la proposition de M. Heyners, Doc. parl.
1892-1893, Ch. des rep., n° 44. — Celle de M. Huysmans, *Ann.
parl.*, 1892-1893, Ch. des rep., p. 2213.—Celle de M. Verbecke,
Ann. parl., 1892-1893, Ch. des rep., p. 564.—Celle de M. Van-

Le projet de M. Van Put (1) multiplie les catégories d'éligibles sans condition de cens, tout en excluant certains corps : barreau, académies, tribunaux de commerce, etc., qu'il importe de soustraire à la politique.

Au contraire, le projet de Montefiore-Levi (2) ajoute aux éligibles censitaires, pour être présentée au choix des conseils provinciaux, une liste dressée suivant la proportion de 1 sur 1000, par le barreau, les académies, les 4 universités, le Conseil supérieur de l'agriculture, le Conseil supérieur de l'industrie, les conseils des prud'hommes, les tribunaux de commerce, le Conseil de l'industrie et du travail.

A ces diverses catégories, le projet de M. Legrand (3) ajoutait le Conseil supérieur du travail, assurait par là une représentation aux classes ouvrières. C'est aussi ce dernier but qu'avait en vue M. Féron lorsqu'il demandait qu'aux éligibles censitaires soient adjoints, après huit années d'exercice, non seulement les anciens hommes politiques ou du haut enseignement, mais encore les présidents et vice-présidents, ainsi que les anciens présidents et vice-prési-

---

derkindere, *Ann. parl.*, 1892-1893, Ch. des rep., p. 1892. — Celle de M. Decamps, *Ann. parl.*, 1892-1893, p. 603.

1. *Ann. parl.*, 1892-1893, Sénat, p. 177 et 178.
2. *Ann. parl.*, 1892-1893, Sénat, p. 509.
3. *Ann. parl.*, 1892-1893, Sénat, p. 511 et 512.

dents des conseils de prud'hommes et des conseils de l'industrie et du travail (1).

Tous ces systèmes ont le grave défaut de n'organiser que le corps élu, nullement le corps électoral. Or, c'est au sein même du corps électoral qu'il est indispensable d'aller chercher les représentants des intérêts. Ce qu'il faut, c'est d'éliminer ce champ de recherches en basant la représentation sur un corps électoral, groupé par intérêts, chaque groupe choisissant dans son sein l'homme qu'il veut élire sans être autrement limité dans son choix par la nécessité d'un certain cens, de certains diplômes de l'occupation d'une certaine fonction. Et, accessoirement, l'éligibilité tiendra à la même représentation puisque pour pouvoir poser sa candidature dans un groupe d'intérêts, il faut appartenir au groupe et partager ses intérêts.

Des propositions de ce genre qui tenaient compte de ces divers éléments, et qui assuraient par suite une vraie représentation professionnelle, se produisirent aussi au Parlement belge en 1892-1893.

Quelques-unes d'entre elles n'aboutissaient plutôt qu'à la représentation professionnelle, à une sorte de représentation des intérêts, formés en masse, totalisés et socialisés, et répartis en trois groupes : capital, travail, intelligence ou science. A chacun

---

1. *Ann. parl.*, 1892-1893, Ch. des rep., p. 1975 et 1983.

d'eux était attribué un tiers des sièges à pourvoir, et dans chacun de ces groupes d'intérêts, si généraux qu'ils étaient censés réunir et classer tous les intérêts sociaux, des intérêts plus particuliers marquaient ensuite des subdivisions. Le capital, par exemple, se subdivisait en mobilier et immobilier. La propriété en grande et petite propriété, et en propriétés urbaines et rurales. C'est le projet Helleputte (1).

D'autres, se réclamant des idées émises par M. de Greef dans son livre sur le *Transformisme social*, prétendaient que les organes les plus élevés et les plus énergiques sont les plus propres à introduire méthodiquement les modifications désirées par la collectivité et que ces organes seront tôt ou tard ceux qui coordonneront l'activité économique.

En s'inspirant de ces considérations, M. Féron et quelques-uns de ses confrères déposèrent, à la Chambre des représentants, une proposition aux termes de laquelle les membres du Sénat devaient être élus directement par les citoyens qui élisent la Chambre des représentants. Mais les électeurs sénatoriaux, d'après cette proposition, étaient répartis en quatre groupes fondamentaux : la science, l'agriculture, l'industrie et le commerce.

----

1. V. ce projet analysé dans l'*Association catholique*, novembre 1892, p. 57 et suiv. — V. aussi le rapport de M. de Smet de Meyer. Doc. parl., 1890-1891, Ch. des rep., n° 113, p. 57.

Le groupe de la science comprenait les diplômés supérieurs des diverses branches, les ministères des cultes, les écrivains et artistes de renom et, en général « tous les citoyens adonnés aux sciences, aux lettres et aux arts, dans des conditions jugées suffisantes par la loi ».

Dans le groupe de l'agriculture rentraient les propriétaires des immeubles affectés à la production agricole, les cultivateurs, propriétaires ou fermiers, les employés et les ouvriers agricoles.

Au groupe de l'industrie figuraient les propriétaires des immeubles affectés à la production industrielle, les exploitants, administrateurs et directeurs des mines, des carrières, des usines, des manufactures et des ateliers, les employés et les ouvriers industriels.

Le groupe du commerce comprenait « les maîtres, administrateurs, directeurs, employés et ouvriers des entreprises de commerce, d'échange ou de transport, et, en général, tous les citoyens que leur situation sociale ne rattache à aucun des groupes de la science, de l'agriculture ou de l'industrie... »

Les fonctionnaires et employés publics appartenaient à celui des groupes fondamentaux auquel les rattachaient leurs titres scientifiques ou la nature de leur emploi.

Les citoyens dont la situation se rattachait à deux ou plusieurs groupes pouvaient choisir celui dans lequel ils voulaient exercer leur droit électoral.

Enfin, la proposition Féron spécifiait que dans chacune des circonscriptions de l'agriculture, de l'industrie et du commerce, le corps électoral serait divisé en deux fractions, la première comprenant les propriétaires et le personnel dirigeant de l'exploitation, la seconde comprenant les employés inférieurs et les ouvriers. Chacune de ces fractions avait droit à un nombre égal de sièges, si les sièges à conférer étaient en nombre impair, il devait être procédé à l'élection pour l'un d'eux par les deux fractions réunies (1).

Telle est la proposition Féron et consorts. Elle réunit autour d'elle tous les partisans de la présentation des intérêts si elle reste seule au moment du vote. Elle sortit honorablement de cette épreuve : sur 136 votants, 98 se déclarèrent contre elle, 28 pour et 10 s'abstinrent, mais expliquèrent qu'ils avaient été principalement arrêtés par la pensée que la réforme n'était pas pratique.

C'est en effet l'objection tirée des difficultés pratiques d'application, qui a été le plus fréquemment adressée à la représentation des intérêts. On a dit : « Celle-ci est impossible dans l'état actuel de notre état social (2). » On a dit encore : « La représentation

1. *Ann. parl.*, 1892-1893, Ch. des rep., p. 1671 et 1672.
2. V. rapport de M. Melot, Doc. parl., 1892-1893, Ch. des rep., n° 114.

des intérêts a des côtés séduisants, mais les plus chauds partisans de ce système n'ont pas réussi à le traduire en formule pratique (1). »

On a dit aussi, et ceci est plus grave, que la représentation des intérêts était contraire au premier paragraphe de l'article 6 de la constitution, qui est ainsi conçu : « Il n'y a dans l'État aucune distinction d'ordre. » Mais M. Coremans, en réponse à cette objection fit justement observer qu'il ne pouvait y avoir d'analogie entre les ordres visés par la prohibition de l'article 6 et les catégories électorales de citoyens qu'il s'agissait d'organiser. Ces demeures, en effet, n'établissaient rien de plus qu'une distinction qui existait déjà dans la nature des choses. Et comme M. Coremans rappelait que le gouvernement s'était fait un argument du même article 6 contre la représentation des intérêts (2), M. de Burlet, ministre de l'Intérieur, reconnut qu'il ne pouvait pas être question d'interpréter ainsi cet article (3).

On a rappelé aussi la vieille théorie du mandat fictif général, d'après laquelle tout représentant est censé représenter le pays entier, bien qu'il n'ait été

---

1. V. rapport de M. de Smet de Meyer, Doc. parl., 1890-1891.

2. Rapport du gouvernement à la section centrale, 30 mars 1891, p. 27.

3. Discours à la Ch. des rep., séance du 25 février 1892. *Ann. parl.*, 1892-1893, Chambre, p. 713.

élu que dans une circonscription. Dès lors, préten-
dait M. Melot (1), il faut que toutes les circonscriptions demeurent identiques, sinon le député de
l'une d'elles à physionomie toute spéciale ne pourra
pas dire qu'il représente toutes les autres, celles-ci
étant aussi de natures diverses et très tranchées.

A quoi M. Féron répondit en faisant remarquer
que, dans l'état actuel des choses, la transgression
du principe du mandat fictif général était aussi bien
pratiquée, que telle province, nettement agricole,
le Luxembourg, par exemple, nommait cependant
des représentants qui étaient considérés comme ceux
des régions industrielles on minières, comme ceux
de la nation entière. Pourquoi, dès lors, ajoutait
M. Féron, ne pas substituer simplement aux circonscriptions territoriales des circonscriptions fonction-
nelles et continuer à appliquer la même théorie (2)?

Au surplus, un grand nombre même des adversaires de la représentation des intérêts convenaient
que le principe en était excellent (3) et pensaient
que si, à un moment donné, ces questions économiques et sociales venaient à primer tous les

1. Rapport précité, p. 1722.
2. *Ann. parl.*, 1891-1893, Ch. des rep., p. 1665.
3. V. une lettre de M. Demaert au président de la Section
centrale, M. de Lantsheere, Rapp. de M. Smet de Noyer,
Doc. parl. Ch. des rep., 1890-1891, p. 17.

ouvrages à cette heure-là, on se rallierait à la représentation des intérêts.

Il semble que cette heure ne soit pas très lointaine
maintenant. Le mouvement associationniste a pris
ces derniers temps, en Belgique, une extension considérable, et s'il est un peuple en Europe qui semble
préparé à faire un essai sérieux et concluant de la
représentation des intérêts, c'est bien le peuple
belge qui a montré aux grands pays modernes avec
quelle facilité et quelle aisance il était capable de
comprendre la représentation proportionnelle, ce
système que d'aucuns croient trop compliqué pour
pouvoir être appliqué en France.

SECTION II

LA REPRÉSENTATION DES INTÉRÊTS EN FRANCE

Les assemblées françaises de l'ancien régime
furent d'abord formées de gens qui ne devaient qu'à
leur naissance ou à leur situation spéciale le droit
d'en faire partie. Mais dès les xiiᵉ et xiiiᵉ siècles, à
côté de la noblesse et du clergé, le peuple commence
à réclamer le droit de participer à la gestion des
affaires publiques, et pour être plus fort et plus
écouté dans sa protestation, il constitue des groupements.

Dans les états généraux et dans les états provinciaux, la façon dont les délégués étaient élus et les cahiers rédigés assurait une assez grande influence à des groupements à base économique. Ainsi, par exemple, les délégués du tiers pour une même sénéchaussée venaient de la ville ou de la campagne et apportaient leurs cahiers spéciaux qui étaient ensuite fondus en un seul. Il en était de même dans les villes entre les corporations (1).

Toutefois, par-dessus cette représentation des intérêts, subsistait celle des ordres, celle qui, dans tout l'ancien régime, fut vraiment nette dans les assemblées de la nation (2).

Ce n'est ni sous les constitutions de la Révolution, ni sous celles de l'empire qu'il faut songer à retrouver trace de la représentation des intérêts. Pendant toute cette période, les associations qui seules peuvent servir de base à une pareille représentation étaient exclues, soit en vertu de principes individualistes, soit par désir de ne créer aucune force compacte qui pût attenter à l'omnipotence impériale.

Cependant, l'Assemblée nationale a affirmé que la

---

1. V. Gasquet, *Institutions de la France*, p. 201.
2. La représentation des intérêts ne fut assurée d'une façon complète sous l'ancien régime, que dans les communes. Mais ceci est hors de notre sujet, puisque nous ne traitons que de la représentation politique, — V. sur ce point Hubert Valleroux, *Les Corporations d'arts et métiers et les syndicats professionnels en France et à l'étranger*. Paris, 1885.

population ne devait pas être la seule base de la représentation, que deux autres éléments devaient lui servir de support, le territoire et la contribution, signes extérieurs de la propriété. C'est donc qu'en 1789-1791 on voulait assurer dans le Parlement la représentation de ce que l'on considérait alors comme les trois éléments essentiels de la vie nationale (1). Dès 1789, Pétion critiquait ce système et disait : « La représentation est un droit individuel, voilà le principe incontestable qui doit déterminer à admettre uniquement la base de la population. En donnant une représentation à la fortune, vous blessez tous les principes (2). » Mais le 10 août 1791, au moment de la revision générale de la constitution, le texte fut voté sans discussion. Quelques années plus tard, dans le discours prononcé à la convention au moment du vote de la constitution de l'an III, Sieyès disait : « Si l'on voulait instituer le mieux en ce genre, dans mon opinion, on adopterait une combinaison propre à donner à la législature un nombre à peu près égal d'hommes voués aux trois grands travaux, aux trois grandes industries qui composent le mouvement et la vie d'une société qui prospère, je parle de l'industrie rurale, de l'industrie citadine et de celle dont le lieu est partout et qui a pour objet la culture de

---

1. Constitut. de 1791, III, chap. I, sect. I, art. 2.
2. *Archives parlementaires*, 1ʳᵉ série, t. X, p. 77.

l'homme, et le jour viendra où l'on apercevra que ce sont là des questions importantes (1). » Ainsi, le créateur même de la théorie du mandat représentatif estimait qu'il n'y avait vraiment représentation de la nation que si l'on assurait la représentation des trois grandes forces sociales.

On retrouve encore une trace de la représentation des intérêts dans l'*Acte additionnel* du 22 avril 1815.

Dans le préambule de cet acte, dû en grande partie à Benjamin Constant, Napoléon déclarait qu'il « voulait conserver du passé ce qu'il avait de bon en donnant au régime représentatif toute son extension » (2). Pour cela, il voulait donner au commerce et à l'industrie manufacturière un certain nombre de représentants dans la Chambre des députés élective (3). Cette représentation était spéciale. L'élection des représentants commerciaux et manufacturiers sera faite par le collège électoral du département sur une liste d'éligibles dressée par les Chambres de commerce et les Chambres consultatives réunies suivant l'acte et le tableau ci-annexés n° 2 (4) ».

---

1. *Moniteur*, réimpression, XXV, p. 294.
2. Thiers, *Consulat et Empire*, t. XIX, liv. LVIII.
3. H. Pascaud, *Le Suffrage universel chez les principaux peuples civilisés*, p. 175.
4. L'acte annexé dont il est ici question était intitulé : *Acte pour régler le nombre des députés pour représenter la propriété et l'industrie commerciale et manufacturière.* Il réglait les détails d'application de l'article 33. Voir note annexe p. 153.

C'était le collège du département qui devait élire
les représentants des intérêts commerciaux, sur une
liste d'éligibilité dressée par les Chambres de commerce. Vingt-trois sièges sur 629 étaient ainsi affectés, ce qui représente une bien faible proportion. La
France était divisée en arrondissements commerciaux
et l'élection se faisait à deux degrés (1).

« Pour la Chambre des députés, écrit M. Thiers,
Napoléon admit sans contestation l'élection directe.
Si on avait eu le temps, on aurait pu rédiger une loi
électorale qui eût indiqué tout de suite la catégorie de
citoyens investie du droit de nommer les députés.
On imagina de se servir du système existant en y
apportant quelques modifications. C'était le système
de Sieyès. Il avait l'avantage apparent d'associer

---

1. V. Gras, *Les Chambres de commerce* (*Annales de
l'Ecole libre des sciences politiques*, 1895, p. 728).

De toutes les constitutions, qui ont régi successivement
la France, l'acte additionnel du 22 avril 1815, écrit M. Jacquelin, a été peut-être la plus parfaite. C'est à démontrer
cette vérité que consacra ses efforts un publiciste de l'école
de Genève, alors fort en honneur, Sismond de Sismondi,
et s'attacha à mettre en parallèle la charte de 1814 avec celle
de l'acte additionnel.

Au surplus, cette monarchie constitutionnelle des Cent
Jours, qui en réalité n'en a pas duré plus de vingt, du 3 au
23 juin 1815, a fait bien davantage pour l'introduction et le
développement du régime parlementaire en France, que la
charte de 1814 et la première Restauration.

(Cf. Jacquelin, *Les Cent Jours* (*Revue du droit public*,
1897, p. 215-216).

tous les citoyens à l'élection, mais le vice profond, inhérent au suffrage universel, d'être illusoire, en ce qu'il y a de sérieux dans l'intervention du pays, est d'appeler à voter non pas la totalité des citoyens, mais la portion réellement capable d'avoir un avis. »

« Quant à la composition de la première Chambre, il y eut plus de difficulté. Benjamin Constant inclinant vers une pairie héréditaire. Mais l'hérédité de la pairie paraissait à Napoléon susceptible de porter ombrage aux libéraux français (1). »

La Chambre élue dans ces conditions était à peine installée, que le désastre de Waterloo, bientôt suivi de la déchéance de l'empereur et du retour de Louis XVIII, mettait fin à son existence, sans que la représentation de la propriété et de l'industrie manufacturière ait eu le temps de donner la mesure de son utilité et de sa valeur. On ne peut que le regretter.

La Constitution royale qui succéda à l'acte additionnel ne poursuivit pas l'expérience. Cependant, le principe de la représentation professionnelle fut longuement discuté dans les Chambres de [la Restauration en 1816 et 1817, à l'occasion de la loi électorale de 1817. Au cours de la discussion de cette loi, de nombreuses propositions furent faites en ce sens

---

1. Thiers, *Histoire du Consulat et de l'Empire*, t. XIX, p. 431-432.

qui eurent de nombreux partisans dans la Chambre des députés et des départemnts (1).

A partir de 1819, la question de la représentation des intérêts ne fut agitée de longtemps au sein des assemblées délibérantes.

De l'avis de quelques auteurs, elle a pris de nouveau place dans notre constitution, par la loi du 2 février 1875 organisant le Sénat (2). Mais en réalité il n'en est rien et nous avons vu déjà M. Esmein démontrer que ce n'était pas le but de l'assemblée (3).

D'après ces auteurs, dans l'esprit des créateurs de la loi de 1875, le Sénat devait représenter les communes, celles-ci étant, pensait-on, le seul groupe

---

1. Voir cette discussion dans le *Moniteur universel* de 1816, et le résumé qu'en a fait M. Labussière, dnns sa thèse déjà citée, p. 66 à 74.

2. Sur l'élection des sénateurs, voir deux articles de M. Duguit dans la *Revue politique et parlementaire*, 1895, t. III, p. 300.

Cependant nous avons eu — sous le gouvernement de Juillet — le suffrage censitaire. La loi électorale du 19 avril 1831 fixe l'âge de l'électorat è vingt-cinq ans et le cens électoral à 200 francs de contributions directes (art. 1). Elle établit quelques capacités en nombre très restreint. Sont en effet électeurs en payant seulement 100 francs de contributions : 1° les membres et correspondants de l'institut ; 2° les officiers des armées de terre et de mer jouissant d'une pension de retraite de 1.200 francs.

La campagne contre cette loi devint très vive à partir de 1840, la gauche dynastique, avec Odilon-Barrot, demande l'adjonction des capacités, c'est-à-dire des personnes portées sur la deuxième liste du jury.

3. Voir notre introduction.

social ou suffisamment intégré pour recevoir une
représentation politique, la commune devenait ainsi
l'unité électorale pour la nomination du Sénat qui,
sans être l'expression des groupes sociaux, était au
moins l'expression des forces locales. On pensait
généralement que cette intervention de l'esprit com-
munal dans le règlement des grandes affaires politiques était de nature à faire du Sénat un admirable
instrument d'ordre, de paix, de progrès démocratique. Le 23 avril 1875, dans son discours de Belle-
ville, Gambetta disait devant 2.000 électeurs :
« Après la délibération commune, que va-t-il sortir
des urnes ? Un Sénat ? Non, citoyens, il en sortira le
grand conseil des communes françaises (1). » C'était
un progrès sur l'individualisme absolu, mais pas
encore même une ébauche de la représentation des
intérêts. L'idée était juste, mais trop étroite. « Assurément, dit M. Duguit, les communes françaises ne
sont pas, comme nos cantons, nos arrondissements
et nos départements, des divisions créées par la toute-
puissance de la loi ; elles se sont lentement formées
sous l'empire de la communauté des besoins et des
intérêts. » Et à ce titre, les communes avaient droit
à une représentation politique, mais celle-ci n'aurait
pas dû être exclusive.

---

1. *Année politique*, 1875, p. 937. — Discours de Gambetta,
publiés par M. J. Reinach, t. IV, p. 314.

La représentation qu'organisait la loi de 1875 n'était donc encore qu'une représentation locale et non une représentation d'intérêts. Et, cependant, on a pensé que c'était encore trop. La loi du 9 décembre 1884 est revenue en arrière en décidant que les sénateurs seront élus par un certain nombre de délégués, choisis dans chaque commune, en proportion du nombre des conseillers municipaux, c'est-à-dire, en somme, en proportion du nombre des habitants. Ainsi, le Sénat actuel, comme la Chambre des députés, ne représente — et encore très imparfaitement — que les individus.

C'est la loi du 9 décembre 1884 qui régit encore le mode électoral de notre Chambre haute (1).

La revision et la législation de 1884, écrit M. Esmein, ont eu pour but et pour effet de dimi-

1. D'après la loi du 9 décembre 1884, les sénateurs sont élus, dans chaque département et colonies, au scrutin de liste par un collège électoral qui se compose : 1° des députés ; 2° des conseillers généraux ; 3° des conseillers d'arrondissement ; 4° des délégués élus par les conseillers municipaux, en nombre variant suivant le nombre des conseillers municipaux.

Le législateur de 1884 n'a fait que déplacer la prépondérance sans organiser la représentation des groupes communaux. En 1875 on donnait la prépondérance aux campagnes ; en 1884 on l'a donnée aux centres urbains d'importance moyenne.

La loi de 1884 a le grave tort d'introduire la politique dans les conseils municipaux qui devraient y rester complètement étrangers. (Esmein, *Droit Constitutionnel.*)

nuer les différences qui séparaient dans leur élection et leur composition les deux Chambres.

Voici, dans ses grandes lignes, le régime introduit par la loi du 9 décembre 1884 : le collège électoral qui nomme les sénateurs des départements est modifié dans son élément prépondérant.

Les auteurs de la loi de 1884 n'ont pas osé ni voulu abandonner la base sur laquelle l'Assemblée nationale avait fait reposer le Sénat, mais seulement l'améliorer, l'élargir quelque peu ; en effet, quelques critiques qu'a subies cette combinaison, elle avait subi avec succès l'épreuve de la pratique (1).

Depuis cette date, en effet, aucune modification n'a été apportée au recrutement sénatorial.

Celui-ci, cependant, a fait depuis 1884 l'objet de nombreuses propositions (2), mais aucune ne tendait à organiser la représentation professionnelle.

Cependant, la discussion de l'une d'entre elles a permis à un député, l'abbé Lemire, d'émettre le vœu que le Sénat devienne le représentant des groupes professionnels. En effet, dans la séance de la Chambre du 16 mars 1894, au moment où l'on discutait la prise en considération et l'urgence des propositions de revision, l'abbé Lemire faisait la déclaration sui-

---

1. Esmein, p. 774.
2. Voir ces propositions dans l'article cité de M. Duguit. *Revue polit. et parl.*, 1895, t. II, p. 322 et 323.

vante : « A mes yeux, le point le plus important est la suppression du Sénat tel qu'il est aujourd'hui. J'estime que dans une société démocratique comme la nôtre, dans une république démocratique comme celle que nous voulons être, le Sénat, soit par ses attributions, soit par son mode de recrutement, ne répond pas aux intérêts véritables de la nation et aux nécessités gouvernementales... Le Sénat est issu d'un mode de votation trop analogue au nôtre. Quand je demande la suppression du Sénat, tel qu'il existe aujourd'hui, cela ne veut pas dire que je suis partisan d'une assemblée unique. Non, messieurs, à côté de la Chambre des députés, issue du suffrage universel direct, je voudrais une autre Chambre nommée par les divers états, professions, corps de métiers, nommée par une démocratie organisée d'après ses intérêts divers. Cette assemblée mettrait, à côté de la représentation numérique que nous avons, la représentation professionnelle que nous n'avons pas et qu'on demande de toutes parts. L'une consolerait l'autre et nous aurions de la sorte une constitution vraiment démocratique (1). »

1. Discours de la Chambre des députés dans la séance du 16 mars 1894. *Jour. off.*, 1894, déb. parl. Chambre, p. 562. On excusera cette citation que nous n'avons pas hésité à reproduire malgré qu'elle soit un peu longue, parce qu'elle résume parfaitement la doctrine que nous soutenons et que nous voudrions voir passer dans la législation positive.

Cet éloquent appel ne fut malheureusement pas entendu et la revision ne fut pas adoptée.

Plus récemment, au cours de la discussion du projet de loi concernant l'élection des membres des Chambres de commerce, on a été amené à critiquer le système actuel d'après lequel la circonscription électorale groupe uniquement des individualités. Il résulte d'un pareil point de départ une représentation abstraite, irréelle de principe, ne répondant à aucune réalité véritable, ne tenant aucun compte des intérêts permanents qui sont les intérêts économiques et professionnels. Et M. de Lamarzelle conclut très justement que la solution de la question serait « d'arriver à un suffrage universel qui soit le représentant des intérêts » (1).

———

1. Discours prononcé au Sénat, dans la séance du 7 nov. *Jour. off.*, 1907. Déb. parl. Sénat, p. 1000. V. — aussi Biard, *De la Représentation des intérêts généraux du commerce et de l'industrie.* Thèse de Paris, 1908.

L'application la plus intéressante et la plus nette qui ait été faite en France de la représentation des intérêts, est l'organisation créée par un décret du 23 août 1898, instituant les délégations financières en Algérie, appelées à délibérer sur toutes les questions d'impôts ou de taxes. Bien que ces délégations diffèrent assez sensiblement de nos conseils généraux, ce ne sont pas cependant des assemblées politiques ; elles sont donc hors de notre sujet, nous ne les signalons que pour mémoire. V. sur cette intéressante question l'article de M. Thomas, dans la *Revue de droit public*, sept.-oct. 1899, p. 256, et surtout un discours de M. Laferrière. *Jour. off.*, déb. parl. Chambre, p. 1473.

Quoi qu'il en soit, il ne reste actuellement dans notre organisme politique aucune institution qui fasse une place sérieuse à la représentation des intérêts professionnels.

Est-ce à dire qu'il doive toujours en être ainsi? Nous ne le pensons pas. Les faits sont souvent plus puissants que les idées, et ceux dont il s'agit ici portent en eux une telle force qu'un jour viendra fatalement où ils seront supérieurs aux contingences et viendront à bout des résistances les plus incoercibles. L'idée même de la représentation professionnelle, loin d'être une idée désuète et surannée, comme on le croit quelquefois, est une idée moderne à laquelle les circonstances économiques actuelles ont donné une singulière force. Elle commence d'ailleurs à pénétrer les masses et sa réalisation n'est peut-être pas lointaine.

Nous allons examiner, dans notre conclusion, les raisons et les symptômes sur lesquels nous basons notre opinion.

CONCLUSION

—

Les doctrines politiques qui ont inspiré la législation de la plus grande partie du xixᵉ siècle étaient
basées sur la théorie individualiste : l'individu seul
comptait alors aux yeux des législateurs.

Les choses ont singulièrement changé depuis. Une
immense réaction s'est produite, depuis vingt ans
surtout, contre les doctrines individualistes de la
Révolution ; un gigantesque mouvement *associationniste* s'est manifesté, dans tous les pays, en
France et à l'étranger. Cela ressort nettement pour
notre pays du tableau de la page suivante.

Ce mouvement, il faut le reconnaître, a pendant
longtemps été spécial à une catégorie de citoyens,
d'ouvriers, et s'est traduit tout d'abord par un prodi-
gieux développement des syndicats ouvriers, agricoles et industriels. Il semble, aujourd'hui, que ce
mouvement, sous l'influence des lois récentes et de
faits nouveaux, ait une tendance marquée à déborder
le cadre primitif. En effet, le législateur de 1884 a
reconnu la liberté syndicale à tous les intérêts éco-

F. de Benoist   10

*Syndicats professionnels, industriels, commerciaux et
agricoles au 1er janvier 1908*

Genres de Syndicats	SYNDICATS			UNION DES SYNDICATS		
	Nombre des Syndicats	Nombre de Membres		Nombre des Unions	Nombre des Syndicats unis	Nombre des Membres des Unions
		au total	du sexe féminin			
Patronaux ..	3.965	331.475	7.518	122	2.813	301.477
Ouvriers	5.524	957.102	88.906	186	3.637	764.508
Mixtes..	170	34.388	6.933	12	66	11.917
Totaux..	9.659	1.322.965	103.357	320	6.516	1.077.902
Agricoles	4.423	771.452	13.295	68	4.111	470.497

nomiques quels qu'ils fussent, il a reconnu, en 1901,
la liberté d'association à tous les intérêts intellec-
tuels et moraux, sans réserve ni distinction.

Pendant longtemps, tandis que les ouvriers met-
taient très légitimement à profit la liberté syndicale
pour améliorer leur sort, les principaux auteurs de
la richesse nationale, agriculteurs, commerçants,
industriels n'ont guère utilisé tout d'abord la législation nouvelle et ils ont trop volontiers donné ville
gagnée à ceux qui, d'institutions destinées à assurer
l'harmonie sociale, s'employaient à en faire des ins-
truments de désordre et de destruction.

Mais on a assisté, ces dernières années, à une
sorte de réveil de l'esprit corporatif des classes
patronales. Instruits par la leçon des faits, agricul-

teurs, industriels, commerçants, ont compris que le
mouvement syndical, si vif et si puissant parmi les
ouvriers, était trop souvent commandé par des forces
qui cherchaient à le détourner de ses directions nor-
males ; ils ont alors songé à utiliser les droits que le
législateur leur reconnaissait et ils ont spécialement
accommodé à la défense collective de leurs droits des
libertés dont l'abus et la déviation étaient devenus
pour eux un péril quotidien.

L'évolution commencée dans ce sens ne peut tar-
der à définitivement s'accomplir. Car, comme le
disait déjà M. Duguit en 1895 (1), « les choses
marchent vite en ce pays de France et le temps n'est
peut-être pas loin de nous où l'individualisme à
outrance, né de la Révolution, ne sera plus qu'un sou-
venir, où seront constituées des unions fondées sur
des communautés d'intérêts devenues de plus en plus
cohérentes, encadrant tous les Français, où le citoyen
ne sera pas isolé et faible en présence d'un État tout
puissant, où chacun appartiendra à un groupe qui
protégera, sans l'absorber, sa personnalité, qui, loin
de l'annihiler développera son individualité et où la
vie sociale et politique sera la résultante de l'harmonie des unions corporatives et des individus.

Si ce jour n'est pas encore venu, du moins il

---

1. Duguit, *Élection des sénateurs* (*Revue politique et parlementaire*, 1895, t. III, p. 473).

semble très proche. Le nombre des unions corporatives va sans cesse croissant, toutes les professions
sont aujourd'hui unies, groupées, fédérées pour la
défense de leurs intérêts communs. N'avons-nous pas
assisté dernièrement à la conformation d'une Confé-
dération générale du patronat qui réunit tous les
chefs d'entreprise du bâtiment. Peut-on passer sous
silence la constitution d'un Comité central d'études
et de défenses fiscales qui, tout récemment organisait
à Paris une imposante manifestation (1) à laquelle
assistaient plusieurs milliers de personnes agissant
comme représentants des ligues, des associations,
des unions de syndicats, de vastes groupements agricoles, commerciaux, industriels, et qui se termina
par le vote, à l'unanimité, de l'ordre du jour suivant,
que nous reproduisons *in extenso*, parce qu'il est
tout à fait significatif :

« Les commerçants, industriels, agriculteurs et
représentants des syndicats, unions des syndicats et
associations, réunis en assemblée, décident :

» 1° De réclamer avec insistance le vote des dispositions législatives nécessaires pour assurer la régu-
larité des services publics, la liberté du travail et le
respect des contrats ;

---

1. V. le compte rendu de cette manifestation et le remarquable discours qu'y prononça M. Poincaré dans le *Temps*
du 30 novembre 1910.

» 2° De s'opposer énergiquement au vote de tout
projet de loi portant atteinte au commerce, à l'industrie et à l'agriculture ;

» 3° De combattre tout projet de loi contraire à
l'égalité des citoyens devant l'impôt, toute fiscalité
excessive et toute mesure d'expropriation des entreprises libres, qu'elles aient lieu par l'établissement
de monopoles nouveaux ou bien qu'elles résultent de
dispositions quelconques ayant un caractère inquisi-
torial. »

N'est-ce pas tout à fait caractéristique et le législateur peut-il rester plus longtemps indifférent à un
mouvement qui s'accuse avec une telle force et une
telle netteté ?

Le régime basé sur la représentation des individus
considérés séparément n'est plus en rapport avec
les idées et les mœurs d'aujourd'hui. Il n'y a plus
concordance, il n'y a plus harmonie. L'individu seul
n'est plus rien et seul il est représenté (l'individualisme était partout dans la législation révolutionnaire) ; aujourd'hui l'association est partout : dans
les mœurs, dans les aspirations et dans les lois.
L'organisation des forces sociales s'impose donc.

Or, actuellement, les intérêts professionnels ne
sont pas défendus, ou du moins sont mal défendus
par les associations existantes telles qu'elles fonc-
tionnent. Celles-ci sont à l'heure actuelle les seuls
organes externes de l'industrie, du commerce et de

l'agriculture, et cependant l'on peut dire qu'elles n'ont ni atteint, ni sérieusement recherché leur but. « C'est en vain, dit M. de la Grasserie, qu'on leur permet de travailler intérieurement à l'amélioration du sort de leurs membres, extérieurement à la défense de leur corporation, supérieurement à la réalisation par leurs vœux d'une législation plus parfaite. L'institution est bonne, mais sans issue, à l'extérieur, sans respiration et sans vie, tant qu'elle demeure essentiellement privée (1). »

Le seul remède à cette situation c'est l'organisation politique des intérêts professionnels et, pour reprendre une formule célèbre, nous serions tenté de dire : un pays où le double de la représentation des individus et des groupes n'a point de constitution. Avec cette représentation, au contraire, on verrait moins de lois néfastes qui ne trahissent que trop souvent l'incompétence des parlementaires. S'ils étaient plus en contact avec les représentants naturels des intérêts essentiels du pays, s'ils prêtaient une oreille moins complaisante aux agitateurs sans responsabilité, si l'esprit de progrès effectif et de réformes non trompeuses prévalait sur l'esprit de surenchères grossières, la paix sociale se verrait affermie, la grandeur française accrue et dans la solidarité enfin reconnue de tous les travailleurs, les

---

1. *Revue politique et parlementaire*, avril 1895, p. 261.

institutions de liberté porteraient tous leurs fruits.

Grâce à cette organisation d'où sortirait vraiment le salut, on acquerrait la certitude que l'évolution pacifique ne se changera pas en révolution à main armée ; on mettrait les institutions en rapport équitable avec la vie et toute la vie, avec la vie qui naît et avec la vie qui persiste ; on ferait du régime politique l'image fidèle de l'ordre social, contenant et reproduisant en raccourci tout ce qui est dans la nation, et par là même on reviendrait à un système représentatif où le pays serait représenté autrement que par métaphore. Les Chambres seraient moins législatives, mais elles seraient plus représentatives et ce serait tout bénéfice.

Est-il besoin de dire quel intérêt capital a la bourgeoisie à provoquer cette organisation du suffrage d'après la vie, tandis qu'il en est temps encore ? Quant au prolétariat, son intérêt n'y est pas moindre. Comme il a pris plus de place dans la nation, il prendra plus de place dans la représentation nationale. « Et puis, dit M. Charles Benoist, pour nous guider sur les précédents historiques, de même que le triomphe de l'aristocratie s'est terminé par l'établissement de la monarchie absolue et le triomphe de la monarchie absolue par la revanche des résistances parlementaires et bourgeoises, de même qu'une victoire trop complète, une victoire injuste du prolétariat finirait par une réaction tout aussi

injuste, et nous n'avons jamais été plus près d'un
césarisme plus despotique, car ce serait une démagogie effrénée et toute démagogie est grosse d'un
empereur (1). »

En somme, dit encore M. Ch. Benoist, que l'on ne
saurait trop souvent citer en ces matières, « se rapprocher de la vie, conserver tout ce qui survit,
aider tout ce qui naît à s'épanouir. Régler sur l'évolution de la vie l'évolution de la loi, restaurer un
juste rapport entre les fonctions et les organes, entre
l'ordre social et le régime politique... La règle encore
et toujours est qu'il faut suivre et copier la vie, qui
ne se décrète pas. C'est le principe sur lequel se
fonde solidement, inébranlablement la politique,
science de la vie des sociétés, art de conduire la vie.
Répartir l'action selon la vie » (2).

---

1. Ch. Benoist, *La Vie nationale* (*La Politique*, p. 212).
2. Ch. Benoist, *La Politique*, p. 212.

Vu : le Président de la thèse
F. LARNAUDE

Vu : le Doyen,
P. CAUWÈS

Vu et permis d'imprimer:
Le Vice-Recteur de l'Académie de Paris,
LIARD

ANNEXES

Acte additionnel de 1815 (Archives parlementaires de 1789 à 1860, t. XIV, p. 384 et suiv.). — Acte et tableau pour régler le nombre de députés pour représenter la propriété et l'industrie commerciale et manufacturière.

Du palais de l'Elysée, le 22 août 1815.

NAPOLÉON, par la grâce de Dieu et les constitutions, Empereur des Français.

Nous avons décrété et décrétons ce qui suit :

Article premier. — Pour l'exécution de l'article 33 de l'acte additionnel aux constitutions, relatif à la représentation de l'industrie et de la propriété commerciale et manufacturière, la France sera divisée en treize arrondissements, conformément au tableau ci-joint n° 2.

Art. 2. — Il sera nommé pour tous les arrondissements vingt-trois députés, choisis : 1° parmi les négociants, armateurs ou banquiers ; 2° parmi les manufacturiers ou fabricants, d'après la répartition portée au même tableau.

Art. 3. — Les députés seront nommés au chef-lieu, et par

les électeurs du département indiqué à la première colonne du tableau.

Art. 4. — Les députés seront pris nécessairement sur une liste d'éligible, formée par les membres réunis des Chambres de commerce et des Chambres consultatives de commerce de tout l'arrondissement commercial, lesquels nommeront, au scrutin et à la majorité, un président, un vice-président et un secrétaire.

Art. 5. — L'assemblée chargée de la formation de cette liste y portera les commerçants qui se sont le plus distingués par leur probité et par leurs talents, qui payent le plus de contributions, qui font les opérations les plus considérables, en France ou à l'étranger, ou qui emploient le plus d'ouvriers, et en les distinguant par la nature des opérations commerciales auxquelles ils se livrent.

Art. 6. — Cette liste sera de soixante pour chaque arrondissement commercial, et de cent vingt pour l'arrondissement de Paris. Il y aura sur chacune au moins un tiers de manufacturiers et un tiers de négociants.

Art. 7. — Elle sera renouvelée en entier, tous les cinq ans, à la fin de chaque législature, ou en cas de dissolution de la Chambre des représentants.

Art. 8. — Le présent acte sera joint à l'acte additionnel, aux constitutions en date de ce jour.

Signé : NAPOLÉON

Par l'Empereur,
Le ministre secrétaire d'État,
Signé : LE DUC DE BASSANO

Archives parlementaires, 1815
(t. XIV, p. 384 et suiv.)

TABLEAU N° 2

Division de la France en treize arrondissements, pour l'é-
lection des députés destinés à représenter la propriété et
l'industrie commerciale et manufacturière.

Désignation des chefs-lieux d'arrondissement	Noms des départements compris dans l'arrondissement	Nombre des députés à élire parmi les	
		Négociants, armateurs ou banquiers	Manufacturiers ou fabricants
Lille	Nord. Aisne. Pas-de-Calais.	1	1
Rouen	Seine-Inférieure. Eure. Somme. Calvados. Orne. Manche.	1	1
Nantes	Loire-Inférieure. Ille-et-Villaine. Côtes-du-Nord. Finistère. Morbihan. Mayenne. Vendée.	1	1
Bordeaux	Gironde. Charente. Charente-Inférieure. Deux-Sèvres. Lot-et-Garonne. Corrèze. Dordogne. Landes.	2	»

Désignation des chefs-lieux d'arrondisse- ment	Noms des départements compris dans l'arrondissement •	Nombre de députés à élire parmi les	
		Négociants armateurs ou banquiers	Manufactu- riers ou fabricants
Toulouse	Haute-Garonne. Tarn-et-Garonne. Tarn. Basses-Pyrénées. Hautes-Pyrénées. Aude, Lot, Ariège. Pyrénées-Orien- tales, Gers.	»	I
Nîmes	Gard. Vaucluse. Aveyron. Hérault. Lozère.	»	2
Marseille	Bouches-du-Rhône. Var. Hautes-Alpes. Basses-Alpes. Corse.	I	I
Lyon	Rhône. Mont-Blanc. Allier. Haute-Loire. Ardèche. Cantal. Loire. Puy-de-Dôme. Isère. Saône-et-Loire. Drôme. Ain. Jura.	»	2
Strasbourg	Bas-Rhin. Haut-Rhin. Haute-Saône.	1	»

Désignation des chefs-lieux d'arrondisse-ment	Noms des départements compris dans l'arrondissement	Nombre de députés à élire parmi les	
		Négociants armateurs ou banquiers	Manufacturiers ou fabricants
Strasbourg	Vosges. Meurthe. Moselle. Meuse.	1	»
Troyes	Aube. Seine-et-Marne. Marne. Haute-Marne. Ardennes. Oise, Seine-et-Oise. Côte-d'Or, Doubs.	»	1
Paris	Seine.	2	2
Orléans	Loiret. Nièvre. Cher. Creuse. Eure-et-Loir. Yonne, Vienne. Haute-Vienne.	1	»
Tours	Indre-et-Loire. Loir-et-Cher. Indre, Sarthe. Maine-et-Loire.	1	»
	Total............	11	12

23

Certifié conforme :
Le ministre secrétaire d'Etat
Signé : LE DUC DE BASSANO

BIBLIOGRAPHIE

——

Benoist (Charles). — Les Sophismes politiques de ce temps.
Paris, 1893.
— La Vie nationale. La Politique. Paris, 1894.
— La Crise de l'État moderne. L'Organisation du
suffrage universel. Paris, 1895.
Bertrand. — La Réforme électorale et la représentation
des intérêts. Bruxelles, 1883.
Besson. — Essai sur la représentation proportionnelle des
majorités et des minorités. Thèse de Dijon, 1897.
Bluntschli. — Politik als Wissenschaft (Traduction fran-
çaise de M. Riedmatten). Paris, 1883.
Bougle. — Syndicalisme et Démocratie. Paris, 1908.
Charau (H.). — Essai sur l'évolution du système représen-
tatif. Thèse de Dijon, 1909.
Dareste. — Les Constitutions modernes, 3ᵉ édit. Paris,
1910.
Deschanel (Paul). — La Décentralisation. Paris, 1895.
Desjardins. — De la Liberté politique dans l'État moderne.
Paris, 1894.
Deslandres. — La Crise de la science politique. Paris,
1902. Préface de M. Larnaude.
Duguit (Léon). — L'État, le droit objectif et la loi positive.
Paris, 1901.
— L'État, les gouvernants, les agents. Paris, 1903.
— Manuel de droit constitutionnel français. Paris,
1908.

- Le Droit social, le droit individuel et la transformation de l'État. Paris, 1910.
- L'Élection des sénateurs (Revue politique et parlementaire, 1895, t. III, p. 300 et p. 453).
- Note sur le fonctionnement du régime parlementaire en France depuis 1875 (Revue politique et parlementaire, août 1900, p. 363).
- Le Syndicalisme (Revue politique et parlementaire, juin 1908, p. 472).

DUTHOIT. — Vers l'Organisation professionnelle. Paris 1910.

EICHTHAL (d'). — Souveraineté du peuple et gouvernement. Paris, 1895.

ESMEIN. — Éléments de droit constitutionnel français et comparé, 5ᵉ édit. Paris, 1909.

FAGUET. — Le Culte de l'incompétence. Paris, 1909.

FERNEUIL. — Les Principes de 1789 et la science sociale. Paris, 1889.
- Souveraineté du peuple et gouvernement (Revue politique et parlementaire, juillet 1896, p. 173).

FRANÇOIS. — La Représentation des intérêts dans les corps élus. Lyon, 1899.

GARNIER. — Morale sociale ou morale de l'État. Paris, 1850.

GNEIST. — Staatsverwaltung und Selbsverwaltung. Berlin. 1869.

GORNE (George von). — Das Repræsentativsystem der Zukunft. Leipzig, 1898.

GREEF (DE). — La Constituante et le régime représentatif. Bruxelles, 1892.

GUYOT (Yves). — La Démocratie individualiste. Paris, 1907.

HATSCHEK (Julius). — Die Selbverwaltung in politischer und juristicher Bedeutung. Leipzig, 1898.

HAULLEVILLE (Cᵗᵉ de). — La Représentation des intérêts (Revue sociale et politique, 1894, p. 419 et suiv.).

HAURIOU. — Précis de droit administratif et de droit public général, 7ᵉ édit. Paris, 1909.

HAURIOU. — Principes de droit public. Paris, 1910.

JACQUELIN. — Les Cent jours (Revue du droit public, 1897, p. 215-216).

LABUSSIÈRE. — La Représentation politique des intérêts professionnels. Thèse de Paris, 1901.

LA CHAPELLE (Séverin DE). — Nouvel organisme de la souveraineté nationale en France. Guingamp, 1883.

LA GRASSERIE (R. DE). — De la Structure politique de la société (Revue internationale de sociologie, nov. 1896).

— De la Représentation professionnelle (Revue politique et parlementaire, 1895, t. III, p. 253 et suivantes).

LAFFITTE (Paul). — La Démocratie et le régime représentatif. Paris, 1890.

LARNAUDE (F.). — Revue du droit public et de la science politique, 1906, p. 576 et suiv., 1910, p. 381 et suiv.

— Revue pénitentiaire, 1896, p. 653-657.

— Bulletin de la Société d'études législatives, 1909, p. 309.

— Préface à Laband (Le Droit public de l'empire allemand).

— Préface à Korkounov (Théorie générale du droit russe).

— Cours de droit public général professé à la Faculté de droit de Paris, 1896.

LA TOUR DU PIN LA CHARCE. — La Représentation professionnelle. Reims, 1905.

LEROY (Maxime). — La Transformation de la puissance publique. Les Syndicats de fonctionnaires. Paris, 1907.

LORIMER. — Constitutionalism of the future, or Parliament the mirror of the nation. Edimbourg, 1865.

MALON (Benoît). — Le Socialisme intégral. Paris, 1891.

MAURRAS (Charles). — Décentralisation. Paris, 1898.

MAZAROZ. — La Profession base du suffrage.

MAX TURMAN. — Problèmes économiques et sociaux. Paris, 1910.

MICHEL (Henri). — L'Idée de l'État. Paris, 1896.

— La Doctrine politique de la démocratie. Paris, 1901.

MICHOUD. — Théorie de la personnalité morale (Analysée par M. Larnaude dans la Revue du droit public, juin 1910).

MOHL. — Staatsrecht und politik. Berlin, 1860.

NIVIÈRE. — La Représentation professionnelle. Paris, 1903.

ORLANDO. — Droit constitutionnel.

PAUL-BONCOUR. — Le Fédéralisme économique, 2e édit., Paris, 1901 (Préface de Waldeck-Rousseau).

PETERMANN (Theodor). — Individuel vertretung und gruppenvertretung. Dresde, 1906.

PRÉVOST-PARADOL. — La France nouvelle. Paris, 1868.

PRINS (Ad.). — La Démocratie et le régime représentatif, 2e édit. Bruxelles, 1887.

RENAN. — La Réforme intellectuelle et morale de la France, Paris, 1872.

SARIPOLOS. — La Démocratie et l'élection proportionnelle. Paris, 1899. 2 vol. (Préface de M. Larnaude).

SCHATZ. — L'Individualisme économique et social. Paris, 1907.

SCHÆFFLE. — Bau und leben des sozialenkorpers.

— Deutsche kern und Zeitfragen, 1895, 1re série.

STUART MILL. — Le Gouvernement représentatif (Traduction française de Dupont-White. Paris, 1877.

TANON. — L'Évolution du droit et la conscience sociale. Séances et travaux de l'Académie des sciences morales et politiques, 1898, p. 415 et suiv.).

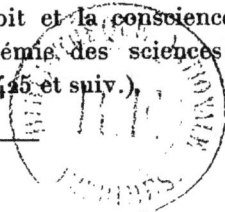

ERRATA

Page 11, au lieu de : *sur* mandat impératif, lisez : *sans* mandat impératif,

Page 25, au lieu de : loi *de* Chapelier, lisez : loi Le Chapelier.

Page 26, au lieu de : *réparation*, lisez : *répartition*.

Page 53, au lieu de : le groupe des gouvernements, lisez : le groupe *et le gouvernement*.

Page 53, au lieu de : *ou* l'autre élue, lisez : *et* l'autre élue.

Page 58, au lieu de : *chacune*, lisez : *aucune*.

Page 64, au lieu de : évolution *économique*, lisez : évolution *sociale*.

Page 77, au lieu de : *croit* appartenir, lisez : *doit* appartenir.

Page 87, au lieu de : *circonstances* sociales, lisez : *circonscriptions* sociales.

Page 128, au lieu de : *présentation* des intérêts, lisez : *représentation*.

Page 140, au lieu de : *qu'a* subies, lisez : *qu'ait* subies.

Page 141, au lieu de : *consolerait* l'autre, lisez : *consoliderait* l'autre.

Page 150, au lieu de : un pays où le double de la représentation des individus et des groupes n'a point de constitution, lisez : un pays où le double de la représentation des individus et des groupes *n'est pas organisé*, n'a point de constitution.

Page 160, au lieu de : *Selbverwaltung*, lisez : *Selbstverwaltung*.

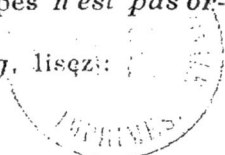

TABLE DES MATIÈRES

Pages

INTRODUCTION.................................... 3

CHAPITRE PREMIER. — Le Principe de la représentation
 proportionnelle. — Étendue d'application.... 19
Section I. — Le Principe..................... 19
Section II. — Etendue d'application............. 34

CHAPITRE II. — Fondement juridique de la représentation professionnelle...................... 43
Section I. — Théorie classique de la souveraineté
 nationale................................. 45
Section II. — Théorie de la solidarité de M. Duguit d'après Durkheim.................... 5o
Section III. — Théorie de la loi, expression de
 l'opinion publique......................... 54
Section IV. — Le véritable fondement juridique
 de la représentation professionnelle......... 58

CHAPITRE III. — Les Objections. — Les Avantages.... 65
Section I. — Les Objections.................. 65
Section II. — Les Avantages................. 71

CHAPITRE IV. — Les Systèmes.................... 79
Section I. — Système de M. de Haulleville...... 82
Section II. — Système de M. Charles Benoist.... 86
Section III. — Système de M. de la Grasserie... 93
Section IV. — Système proposé.............. 100

Chapitre V. — Les Applications et les projets d'application. ....,.......... 109

Section I. — La Représentation professionnelle à l'étranger 111

§ 1. — Etats allemands.................... 111

§ 2. — Autriche 114

§ 3. — Espagne 116

§ 4. — Villes hanséatiques.... 120

§ 5. — Belgique.......................... 122

Section II. — La Représentation professionnelle en France................................ 131

Conclusion................................. 145

Bibliographie.............................. 159

Imprimerie Jouve et Cⁱᵉ, 15, rue Racine, Paris.

www.ingramcontent.com/pod-product-compliance
Lightning Source LLC
Chambersburg PA
CBHW050114210326
41519CB00015BA/3954